十二代目市川團十郎の世界

―家元探訪・妻の思い出・多彩に輝く成田屋―

まえがき

○新團十郎は午前十一時十分、「気分はきょうの青空のように晴れやか」と笑顔で楽屋入り。
○初日を迎えた感想について楽屋で「これからの三か月を願をかけた修行のつもりで頑張る。歴代團十郎の名前に負けないようにと自分に言い聞かせている。体調十分」と力強く語った。
○午前十時半の開場と同時に場内が沸き立った。一階ロビーには、團十郎夫人の希実子さんをはじめ和服姿に着飾った出演者の夫人たちが勢ぞろい。

東京・歌舞伎座で開かれた十二代目市川團十郎襲名披露公演初日の模様を大きく報じる昭和六十年四月二日付け読売新聞夕刊十三面の一節です。

同社に勤務、歌舞伎担当を希望していた私は芸能界の一大イベント、團十郎襲名を機に念願かなない芸能部（現文化部）に異動、襲名初日の四月一日は、駆け出しの演劇記者として建て替え前の歌舞伎座を雑感記事集めで走り回っていました。

以降四半世紀、定年まで歌舞伎を中心として演劇記者を務めることが出来ました。それだけに、團十郎さんは私の恩人に思えてなりません。

團十郎さんとはその思いを抱きながら長く取材を通して親しくしていただきました。荒事を伝える市川宗家にふさわしい力強く堂々とした團十郎さんの演技に私は魅せられ、歌舞伎の牽引者になるものと信じていました。しかしながら、平成十六年に白血病を発病、闘病の後、舞台復帰を果たしましたが平成二十五年、まだまだこれからという六十六歳で帰らぬ人となりました。

私は亡くなられて五年となる五年祭を前にして、團十郎さんの知られざる業績を後世に伝えなければならないと思うに至りました。そして決意したのが本書の刊行です。

内容は三章からなります。

第一章は「家元探訪」です。日本の家元の一人として平成二十一年に歌舞伎座、国立劇場、名古屋・御園座の楽屋やご自宅でロングインタビューしたものです。読売新聞のインターネット版Yomiuri Online連載後、他の九人の家元と共に「家元探訪ー未来を見据える十人ー」として平成二十四年、出版研究センターから出版されました。貴重な発言を数々いただきましたが、この本だけでは後世の資料になりにくいと考え、加筆修正し再録させていただきました。

第二章は「妻の思い出」です。團十郎夫人の堀越希実子さんにインタビューをお願いしたところ快く受けてくださり、二度にわたりお話をうかがいました。心温まる思い出の数々から、團十郎さんがいかに奥様に支えられていたか理解でき、また、團十郎さんの男らしさ、優しさも浮かび上がってきたと思います。

最後の第三章は「多彩に輝く成田屋」です。團十郎さんを「勧進帳」の弁慶や「暫」の鎌倉権五郎など荒事を得意とする歌舞伎俳優とだけの印象を持っている人が多いのではないでしょうか。ところがそうではなく歌舞伎はもちろんですが、若いころはテレビドラマでも活躍、大学の客員教授としてしばしば講義、また子供歌舞伎やむすめ歌舞伎も熱心に指導しました。骨髄バンク推進にも尽力しています。こんな歌舞伎俳優は極めて珍しいと思います。これを伝統文化新聞に連載企画として紹介しましたが、改めて本書に収めました。

これで十二代目市川團十郎の全世界が分かるとは思っていませんが、少しでも團十郎さんの大きさを理解していただければ幸いです。

また、本書発刊準備中に、市川海老蔵さんが明年五月に十三代目市川團十郎白猿を襲名することを発表されました。心よりお祝いいたします。泉下の父君十二代目團十郎さんもさぞお喜びのことと思います。

このめでたい時に本書を出版できることを光栄に思います。

末尾になりましたが、様々にご支援いただいた市川團十郎事務所に心からお礼を申し上げます。

平成三十一年四月

河村　常雄

目次

まえがき……4
第一章　家元探訪……9
市川團十郎　インタビュー河村常雄
第二章　妻の思い出……91
堀越希実子　インタビュー河村常雄
第三章　多彩に輝く成田屋……121
あとがき……186

第一章

家元探訪の市川團十郎

経歴：昭和二十一年八月六日、十一代目市川團十郎の長男として東京に生まれる。二十八年、市川夏雄を名乗り初舞台。六代目市川新之助、十代目市川海老蔵を経て、六十年、十二代目團十郎襲名。日本芸術院賞、芸術祭優秀賞、松尾芸能大賞、真山青果賞大賞など受賞多数。平成二十五年二月三日死去、享年六十六歳。

1

七代目風が市川流の始まり

「勧進帳」や「助六」「暫」など江戸歌舞伎の華、荒事をお家芸とする市川宗家の十二代目市川團十郎は、日本舞踊・市川流の家元でもある。国内はもとより、平成二十一年九月のモナコ公演など海外での歌舞伎公演にも力を入れているが、日本舞踊の舞踊家としても活躍している。家元・團十郎の素顔に迫る。

――日本舞踊・市川流は何代目のころから始まったのですか。

「七代目市川團十郎（1791～1859）から始まりました」

――「勧進帳」を完成させ、市川家のお家芸として歌舞伎十八番を制定した幕末の名優ですね。

「しかし、そのころ日本舞踊・市川流というものはありません。江戸時代、日本舞踊で流派ということはあまり言わなかった。これには異論があるかも知れませんが、現在ある様々な流派の祖先は歌舞伎の振付師として存在していたはずです」

――では当時、踊りの流儀はどういう形で存在していたのですか。

「市川翠扇さんの本によりますと、七代目さんは、歌舞伎のほかに踊りについてもいろいろな仕事をなさった。たしかに、『仮名手本忠臣蔵』の門外の『落人』や『かさね』を作りました。それで当時の方々は、その踊りを七代目風（ふう）と言ったそうです。明治になるまで、踊りでは何々流と呼ばず、何々風の踊り、流ではなく風だったのです」

――その市川翠扇さんは二代目翠扇で、明治の劇聖と称えられた九代目團十郎（1838

～1903）の長女、亡くなってから十代目團十郎を追贈される市川三升（1880～1956）夫人ですね。

「私たち市川流では七代目さんのときから七代目風と呼ばれるようになりましたので、七代目さんを市川流の始まりと考えています。ほかの流儀でも何々流と名乗り始めるのは明治になってからのはずです」

2 流祖は明治の劇聖・九代目市川團十郎

市川流家元の市川團十郎に流儀の草創期の話を続けて聞く。

――市川流の始まりは七代目市川團十郎と伺いましたが、七代目さんが流祖と考えていいのですか。

「日本舞踊で流派を名乗り始めたのは明治になってからです。市川家では元来、市川流舞踊という言い方はなかった。九代目も『鏡獅子』『紅葉狩』などたくさんの舞踊を作っていますが、市川流とは名乗っていません。九代目が亡くなったあと、九代目の踊りをよく知っていた長女の翠扇さんも弟子をとっていない。九代目の『鏡獅子』で姉妹の旭梅さんと胡蝶を踊り、六代目（尾上菊五郎）が『鏡獅子』を踊ったときに九代目の踊りを教えたと伝えられる人です」

――それにはどういう背景があったのでしょうか。

「江戸時代以来、踊りは町のお師匠さんに習っていた、ということがあると思います。ところが、明治になって家元の体系ができ始めた。余談ですが、その過程で一時ゴタゴタする流派もあったと聞きます。ですから流派といっても、始まりは曖昧なところがあるのではないでしょうか」

――そうしますと、市川流と名乗るようになったのは。

「市川流は家元制度で発展した流派ではありません。あまり名乗りたくはないのですが、こうするしかないので市川流と名乗らせていただいております」

――市川流何代目という言い方は。

「何代目とは名乗っていません。市川流の祖というと九代目にさかのぼります、と言っています。（幕末の）七代目には風（ふう）というものがありましたが、明治になっても市川家では何流といいません。しかし、世間が流派を名乗るようになった。それなので明治の九代目を祖として市川流を名乗らなければいけないのかなと思いました。元来は、市川團十郎の何代目でいいのです」

3 踊りに品格もとめた九代目團十郎

市川流家元の市川團十郎は、自らの流儀の始まりを七代目團十郎とし、流祖を九代目團十郎としている。二人とも歌舞伎史に残る名優だが、舞踊家としては如何なる足跡を残したのか。その後継者、当代にいたるまでを聞いた。

——七代目團十郎の踊りは七代目風と呼ばれたそうですが、どういうものでしたか。

「日本舞踊は元来、歌舞伎舞踊なのです。それが人気を集め、盛んになってきます。『藤娘』など歌舞伎の変化物（へんげもの、一曲中に何役も踊る）から出たものが多い。歌舞伎舞踊として発展していますので、七代目の踊りがどうであったというような定義付けが難しいのです」

——といいますと。

「たとえば、『鏡獅子』は九代目團十郎がほとんど作っているようですが、振付師が手伝いをしています。（昭和の名優）六代目尾上菊五郎さんも、踊りでいい振りを思いつき、お弟子さんの西川鯉三郎さんや（六代目）藤間勘十郎さんに振り付けをさせたということも聞いています」

——役者と振付師が力を合わせて作っているので、だれがどのようにしたかということが分かりにくい。九代目振り付けとなっていなくても、主なところは九代目が振り付けをしたというのもありうるわけですね。

「西洋と違って、あいまいな部分があったのです。振付師がせっかく作っても、役者がだめだと言って変わってしまうこともあったかもしれません。こういうのが、日本の文化の特徴ではないでしょうか」

――座頭（ざがしら）の役者が強く、振付師の権威は今のように確立されていなかったようですね。

――九代目團十郎の踊りを一言でいうとどういうものだったのですか。

「品格を深めていったと思います。廓の傾城を描いた『枕獅子』を基にして『鏡獅子』（明治二十六年＝1893年初演）を作りました。傾城を城内の女小姓に代えて、品のある世界を目指している。これは想像ですが、明治の演劇改良運動の中で、踊りに多い遊郭の話を捨てて、西洋の位に負けないようにしようとしたのではないでしょうか。ですから、九代目さんの作った踊りには、あまりクドキがない。男女の機微をあつかった作品をあまりみません。普通、踊りに男女の恋から出てくるクドキがあるのが当たり前なのですが。四季の彩りなどがテーマになっている。七代目にはありますよ。『かさね』や『落人』がそうです」

4 九代目團十郎の踊りを専門家に伝えた長女・二代目翠扇

市川流家元の市川團十郎に、引き続き流派の歴史を聞く。

――九代目市川團十郎の舞踊の後継者は。

「系図でいいますと、九代目團十郎には二人の娘がいました。市川翠扇（二代目）と妹の市川旭梅です。旭梅と市川新之助（五代目、歌舞伎役者）が結婚して生まれたのが、新派の女優だった翠扇（三代目、1913～1978年）おばさんです」

――九代目の踊りの跡目は、長女の二代目翠扇さんが継がれた。この方はどういうことをなさったのですか。

「踊りのお師匠さんをしていたわけではなく、自分で踊るわけでもありません。地唄舞の武原はんさんのように、あまりお弟子さんも取らなかった。舞踊家が、たとえば『鏡獅子』を踊りたい、と申し出ると教えていたようです。女性も舞台に立つべきだと考える九代目の舞台に出ていましたから、教えることが出来たんですね。ただ後年、踊りが上手だったにもかかわらず、舞台に立たなかったようです。踊る場がなかったのかもしれません」

——二代目翠扇のあとはどのように継承されていくのですか。

「新派の翠扇おばさんが継承して、そのあとを私が引き継ぎました」

——十一代目團十郎（1909～1965）はどうして踊りの流儀を受け継がなかったのですか。

「理由は聞いていませんが、（三代目の）翠扇さんに任せたとは話していました。父はあまり踊るという方ではなかったし、歌舞伎との両立は大変だということもあったでしょう。（七代目松本幸四郎長男の）父は、九代目團十郎の長女夫妻の養子に入っています。歌舞伎の十一代目團十郎を継ぎましたが、踊りは九代目直系の二女の娘に任せよう、というのが父の考えだったかもしれません」

——この歴史の中で日本舞踊の市川流という名称はいつごろから出てきたのですか。

「二代目翠扇さんは市川流とは名乗っていませんが、数少ないお弟子さんの間で市川流という言葉が出始めたようです」

5 市川家の舞踊を管理する義務がある

市川流家元・市川團十郎に、引き続き流派の歴史を聞く。

――当代の團十郎さんは、市川流とどのようにかかわっていますか。

「代々の團十郎で踊りの得意な方が作った舞踊作品を私が管理しています。管理する義務があるだろうという感覚で踊りをとらえています。ですから、踊りの市川流何代目とあまり申し上げないのです」

――その発想から考えると、家元襲名披露というのは。

「そういう流れですので、家元襲名披露はしておりません。娘の市川ぼたんや妹の市川紅梅の名前は披露していますが、私の披露はしていません」

――現在の市川流の活動は。

「大きくはしていません。数人の直門の下に名取がいます。紅梅とぼたんがお弟子さんに稽古をつけています」

――團十郎さんは自ら名乗るのは家元ですか、宗家ですか。

「自分では名乗っていません。ただ、みなさんが家元とか宗家とかおっしゃいますけれど。大体、宗家という名前は自分から名乗るものではなんですよ。市川宗家と言われるようになったのは、二代目團十郎（1688～1758）のときに江島生島事件（正徳四年＝1714年、奥女中と歌舞伎役者の恋愛事件）が起こり、山村座がお取りつぶしになりました」

――多くの関係者が処罰された一大スキャンダルだったと伝えられていますね。

「本来は江戸の劇場を全部つぶすということになったのですが、二代目の活躍でそれは回避できた。芝居の恩人だ、というので、市川を宗家とよびましょうという座元たちの合意で決まったことなのです。こういう経緯があるだけで、元来、家では市川宗家と言っていない。ただ、今は世間の習慣に合わせ、家元とパンフレットに書いたり、名取の免状に宗家と書いたりしています」

6 海老蔵結婚　家より人

連載中にビッグニュースが飛び込んできた。市川流家元・市川團十郎の長男・市川海老蔵の結婚問題が平成二十一年十一月二十日、大きく報じられた。お相手は日本テレビの報道番組「ZERO」で活躍しているフリーキャスターの小林麻央。二人とも会見で「結婚を前提に交際」であることを明らかにした。江戸歌舞伎三百有余年の歴史とともに歩んできた市川宗家の長男が結婚、一家を構えることは歌舞伎界にとっても慶事である。十二代目当主の團十郎に心境を聞いた。

――海老蔵さんの結婚のお話、おめでとうございます。父親としての現在のお気持ちは。

「ありがとうございます。このほど海老蔵から結婚を前提にお付き合いしているという
ことを聞きまして、びっくりしたり、ほっとしたりしているところです。こういうこと
を聞くのは初めてのことなので、当人も真剣に考えていることと思います。テレビで会
見の様子を見ましても、海老蔵、小林麻央さんともに緊張していましたね」
――父親として待ち望んでいた結婚ですか。
「そうですね。今は結婚が遅くなった時代ですが、三十代になりましたし、親とすれば
いい時の選択ではないかなと思います。これからの人生設計を考えた上でのいいタイミ
ングでいい方に出会えました。昨今は考え方がだいぶ変わってきていると思いますが、
やはり男の信用ということで考えますと、一家を構えることは大事です。これは当人も
重々わかっていることと思います」
――伝統歌舞伎の市川宗家として、子息が家庭を持って家を次の世代に残さなければ
ならないという思いはありましたか。
「責任はあるとは感じますけれど、それほど考えないですよ。市川家は代々これだけの
方々が継いでこられたので、次につなげていきたいとは思いますが、その方その方の運

もありますから。九代目團十郎には男の子がいなかった。聞いた範囲では、九代目さんは『高時』を演じるとき、北条氏は九代で終わっているので『北条九代』というせりふに、九代で終わるという思いを込めていったそうです。海老蔵が結婚するといったのはひとつの責任感の表れと思っていますが、ただ家を継ぐためというのではなくいい人が現れたということです。縁だと思いますね」

7　幾多の波を乗り越えてほしい

市川流家元の市川團十郎に、子息・海老蔵の結婚について親としての思いをさらに聞いた。

――親としてどういう家庭を持つことを願っていますか。

「うまく行ってくれればと願っていますが、自分の経験でも波風が起きるのが当たり前です。それを如何に乗り越えるか、が大切なことなのです。多難は強運なり、という言葉があります。夫婦でひとつ波を乗り越えると、また新たな波が来ます。最初の波が乗り越えられなければそれで終わってしまい、もう波は来ない。多難なのは運が強いのです」

――これで後継者も万全ですね。

「家を継ぐかどうかは当人が決めることで、親がそこまで関わることはないと思っています。ただ、海老蔵が歌舞伎をやろうとか市川家を継ごうと思うようになったことはありがたいことです」

――押しつけるべきものではないということですね。

「困ったときには全力で助ける覚悟がありますが、一軒の家を構える以上、ああだこうだとはいいません。ただ、お嫁さんはこれまでとは違う世界に来ることになりますのでアドバイスしたいと思います」

――團十郎さんが五年前に病気をされてから、海老蔵さんはたくましくなったような気がします。

「そうですね。それまではどこか私に頼るようなところがありましたが、自分の力でやらなければならないんだ、と気付いたようです」

――精神面だけでなく演技面でもすっかり成長し、新橋演舞場の「雷神不動北山櫻」や「石川五右衛門」の座頭として活躍するようになりました。その点でもいいタイミングと思います。これからのスケジュールは。

「記者会見をしたばかりで。まだ何も決まっていません。これから先方ともお会いして決めることになると思います」

8 律義で愛国心の強い祖父・七代目幸四郎

「海老蔵結婚」のニュースが飛び込み、前回、前々回と急遽、市川流家元・市川團十郎に父親の心境を聞いたが、今回から本来予定していた項目に戻る。

祖父の七代目松本幸四郎（1870～1949）の話を聞く。三重県出身で、幼くして日本舞踊藤間流・藤間勘右衛門の養子となり、長じて九代目團十郎の門人となる。「勧進帳」の弁慶を演じること千六百回とも千七百回ともいわれる稀代の弁慶役者である。と同時に、長男を市川團十郎家に養子に出して十一代目とし、次男に自分の後を八代目（後の白鸚）として継がせ、三男を日本舞踊藤間流家元を兼ねる二代目尾上松緑としたことで、歌舞伎界に一大勢力を築いた人でもある。加えて娘・晃子は中村雀右衛門の妻である。

――祖父である七代目幸四郎さんのことを何か覚えていますか。

「祖父は六代目（尾上菊五郎）さんと同じ昭和二十四年に亡くなっていますので、三年間は共通の世の中にいたはずなのですが、父（十一代目團十郎）は市川家に養子にいっていた上、当時としては最先端の同棲生活をしていたので、私自身は会ったことはないと聞いています。幸四郎さん、吉右衛門さん、亡くなった先代辰之助さんら従兄弟たちは会っていると思いますが」

――七代目幸四郎さんをどういう人だと聞いていますか。

「九代目團十郎さんの薫陶（くんとう）を受けた非常に律義な人だと思います。戦時中に父に赤紙（召集令状）が来ました。そのとき腸チフスで高熱を出していたのですが、祖父はお国のためだ行けという。父は三十九度とか四十度の高熱の中で、渋谷の自宅から兵隊検査を受けるため品川まで行ったそうです。お弟子さんの中には猛反対した人もいたといいます。父がようやく品川まで行くと、こんな病気の者を集団の中に連れてくるなんてとんでもないことだ、と帰されたそうです。それで父は兵隊に行っていません」

9

場所をいとわぬ弁慶役者　七代目幸四郎

市川流家元・市川團十郎に、引き続き祖父・七代目松本幸四郎の話を聞く。

――七代目幸四郎は「勧進帳」の弁慶で知られていますが、芝居での逸話を聞いていますか。

「弁慶は多少自分の工夫を加えたとも聞いていますが、概ね九代目團十郎に忠実に演じたようですね。晩年、おじいさん（七代目幸四郎）の和尚、六代目尾上菊五郎のお嬢、十五代目市村羽左衛門のお坊で『三人吉三』を上演したとき、自分で当て込みを書いたことがあり、『大川端』で止めに入るところで、音に聞いた音羽屋何々というような洒落たせりふを入れたのですが、せりふ覚えが悪くなっていたようで、せりふが出てこない。（裏で教える）狂言作者も変わったところまで知らない。そこで悪戦苦闘した、というユーモアのあるところもあったと聞いています」

――ユーモラスな情景が目に浮かびます。それにしても素敵な顔合わせですね。七代目さんが映画館の狭い舞台で弁慶を演じたのを見た、という話を聞いたことがあります。場所を選ばない人だったようですね。

「当時は各地に興行主がいて、どこにでも出かけて演じたようです。入りが悪いと興行主が逃げてしまい、一座は立ち往生する。すると、おじいさんが面倒を見て、東京に帰ってくる。信じられない話ですが、何年かすると、逃げた興行主が、旦那こんにちはと、またやってくるそうです。またやりましょう、と」

――おおらかな時代ですね。

「それから、興行を自分でやる場合もありました。興行主が運営している舞台に出るときは、お客さんの入りなど見ない。しかし、自分で勝負しているときは、幕だまりで客は入っているかと見ていたそうです。地方公演に父も連れられて行った。というのは、昭和四十年ごろ公文協（公立施設を回る巡業）で宮城県・釜石の旅館に泊まったとき、『昔、あなたのおじいさんとお父さんが泊まったんですよ』と聞かされたことがあります」

――オペラ「露営の歌」を作るなど幅広く活躍した人でもありますね。

「新しがりなんです。『紅葉狩』で鬼女をしたとき、竹筒から火の粉を出すことも工夫したそうです」

――マジックですね。

「それで失敗したんです。吹くところを吸ってしまって、やけどをしたそうです」

10

子煩悩の十一代目團十郎

市川流家元・市川團十郎の父・十一代目團十郎は、祖父・七代目松本幸四郎の長男ながら、市川家に養子に入った。七代目松本幸四郎が三人の息子に、それぞれ別の道を歩ませたのは有名な話である。

――長男に自分の後を継がせるというのが昔の常識と思いますが、七代目幸四郎の長男である先代團十郎が市川家の養子になった経緯を何か聞いていますか。

「これについてはいろいろおっしゃる方がいますが、私の聞いた範囲では、市川家と松本家では、四代目團十郎が松本家から来るなど昔から深い結びつきがあります。もちろん市川家が中心で、市川家に後継ぎがいない場合、幕府の御三家のような家から後継ぎが出る。これが根本にあると思います。（九代目市川團十郎の娘婿）市川三升さん（十代目團十郎を死後追贈）に子供がいないので養子をということになったとき、普通は長男を差し出すことはありえないのですが、前にお話ししたように祖父は律義な人なので、大変お世話になっている九代目（團十郎）さんのためなら、それはもう長男を出すということに決めたといわれています。おじいさんの性格を考えると、そうだろうなと私も思います」

――お父さんの十一代目さんは、團十郎さんが十九歳のときに他界されました。海老さまと人気の高かった十一代目を息子さんの目からみるとどういう人ですか。

「結構、子煩悩だったと思います。戦時中、チフスに罹り、そのあと胸を患って鎌倉で療養していました。そのとき父の面倒を見ていたのが私の母（千代）です。そして戦後の昭和二十一年に私が生まれました。父は私をあちこち連れていってくれたそうです。幼児だったので何時のことかもよく覚えていませんが、最初に行ったのは箱根でした。そのころ父は、もう養子に行っていますし、おじいさん（市川三升）もそれほど舞台に立っていなかったので、経済的にも苦しかったらしく、『やけで箱根まで行ったのよ。最後は財布に五十円しかなかった』と後年、母から聞いたことがあります」

11

父母会にも運動会にも顔を出した海老さま

市川流家元・市川團十郎に、引き続き父・十一代目團十郎の思い出を聞く。

——團十郎さんが小学校に上がるようになると、海老さまとして人気のあった先代が学校に来るようなことはあったのですか。

「運動会などの学校行事にはよく来ていました。今考えるとそんなに暇だったのかなと思うくらいでした。当時、青山学院の初等部の前のグラウンドで運動会をしましたが、その脇に短大があり、そこの垣根にズラッと女性が並んでいました。当時、父の人気は高かったんですね。あとになって、『昔、お父さんとあなたを見ました』と聞かされたこともあります」

——それでは、今は父母会といっている父兄会にも顔を出したのですか。

「父兄会というと男性は来なかったのですが、父はよく来ていました。学校から知らせがあると、行けるときは学校に来ちゃうんです」

——お父さんの先代團十郎は学校から案内が来ると極力出席した。息子かわいさもあると思いますが、おじいさん同様、律義だったのではないかと思いますが。

「それはもう、間違いなく律義でした。というのは昭和二十六年ごろ『源氏物語』が当たり、大変な人気が出て、松竹さんから團十郎になれというお話は再三あったようですが、養子に来ている手前、三升のおじいさんが生きている限り出来ないと断った。三升さんが亡くなってから、三升さんに十代目團十郎を贈り名してから、父は十一代目を襲名したのです。昔は律義な人が多かったんじゃないですか。今とはだいぶ違いますね」

12 新作では現地を訪ねた十一代目團十郎

市川流家元・十二代目市川團十郎の父・九代目市川海老蔵は昭和三十七年（1962）、明治の劇聖・九代目團十郎以来半世紀にわたって途絶えていた團十郎を十一代目として襲名した。十代目は三十一年に他界していた養子先の父・市川三升に死後追贈された。海老様ブームの渦中にあった海老蔵が歌舞伎界待望の團十郎を襲名したとあって人気はますます高まったが、わずか三年後の四十年十一月に亡くなった。働き盛りの五十六歳だった。

――十一代目さんが亡くなった時、團十郎さんは十九歳でしたが、息子さんの目から見たお父さんの舞台は。

「父の舞台を見てすごいと思ったのは高校に入ってからですね。『若き日の信長』しかり。

『勧進帳』では富樫を勤めることが多く、松緑おじさん（二代目、十一代目團十郎の末弟）も『兄貴は富樫役者だから弁慶をやる必要はない』などと言っていましたが、弁慶もしかり。『菅原伝授手習鑑・道明寺』の菅丞相や『切られ与三郎』も印象に残っています」

――大ヒットした「源氏物語」など新作も多い。

「新作に意欲を見せていました。新作の度に現地を訪問していましたね。『八代目團十郎』では私も新之助の役で出させていただきましたが、このときは七代目團十郎が供養塔を建てている大阪の一心寺というお寺に行きました。『修学院物語』では京都の桂離宮などを訪ねました。晩年の『大菩薩峠』では大菩薩峠、『楠正成』では神戸の湊川神社に行きました。現地を訪れると何かヒントを得ることができるので、大事なことです。私も新作のときはできるだけ現地を訪問したいと思っています」

――「武田信玄」のときは甲府に行きましたね。「若き日の信長」などを手掛けるときは、お父さんの舞台を思い浮かべながら取り組むのですか。

「おぼろげな記憶ですが、こうしていたななどと思いだしながら演じていますね」

13 我慢に我慢を重ねた後の癇癪

市川流家元・市川團十郎に、引き続き父・先代團十郎の話を聞く。

癇癪持ちだったが、我慢の末の爆発

――十一代目さんはどういう役者だったと思いますか。

「かっこいいといいますか。声も大きく、目もギョロッとにらみが効いて。それでいて『菅原』の菅丞相のような役もできる。そして新作にも意欲的。ただ、トラブルもありましたね」

――癇癪持ちだったとも伝えられていますね。そして、新作の初日に納得できないと休演することもあったと。

「周りはいい迷惑だったかもしれません。ただし、怒るには当然それなりの理屈があり、

怒ってもしようがないかなとは思うことはありましたね」

――十一代目が亡くなられたとき團十郎さんは十九歳になっていましたので、芝居で教わったことも多いのでは。

「そうですね。父は襲名（昭和三十七年）の時、合宿のようなことをしました。襲名の前に湯河原に一緒に連れていかれまして、そこでは朝起きて一緒に散歩をして昼間は稽古。私の稽古も見てもらいます。そして夕方また散歩をするということを何日か繰り返しました」

――役の性根などそのときに教わるのですか。

「そういうことより、ただ繰り返すのです。理論的にどうのこうのという人ではありません。『だめだ、何やってんだ。もう一回』という感じですね。ここをこうやればこうなる、というようなことは全然言ってくれなかったですね」

――十一代目さんは亡くなる少し前、三之助と呼ばれて人気のあった市川新之助すなわち團十郎さん、尾上菊之助すなわち現菊五郎さん、亡くなられた先代尾上辰之助さんの三人に「勧進帳」を教えたとき、竹刀でたたいたと言われています。見かけは優男ですが、厳しい方だったのですね。

「先ほど癇癪持ちと言われましたが、そういうところはありました。それも、癇癪を起すまではかなり我慢していますね」

――しかられましたか。

「しょっちゅうですよ。小学校のころでしたか、稽古のときに平手でバシッとたたかれました。手加減しているのでしょうが、子供だからほおなどに手形が付く。次の日学校に行くと、どうしたのと聞かれるんです」

14 舞台復帰のぞみながら、最後に悟り

市川流家元・市川團十郎の父・十一代目市川團十郎は昭和四十年十一月十日に五十六歳で他界した。当代團十郎に先代の最後の様子を聞く。

――十一代目團十郎さんが亡くなられたときは、どういうお気持ちでしたか。

「子供のときから、もし父がいなくなったらどうしようという不安は大きかったですね。そういう夢を見たりしました。いろいろ教わらなければ何もできないですから。そういう中で、私が十代で逝ってしまいましたから無念な思いをしましたね」

――死に目には会えましたか。

「ええ。最後は病室に入り浸りでした」

――亡くなられるころの様子は。

「胃の噴門（上部）にガンがあると診断され、昭和四十年の九月に慈恵医大で開腹手術をしました。しかし、そのときガンは既に広がっていたので、すぐ閉じてしまいました。そのあとだんだん良くなってきまして、保養のため湯河原にドライブに行ったりしていたんです。十月ごろには入院していた山王病院で『来年には復帰したい』という復帰会見を開き、私も大学（日大芸術学部）の授業に出ることが出来るようになっていました。ところが、その月の後半からガタガタと体調が悪くなりまして、そのころからずっと側にいるようになりました」

――團十郎さんに何か託すようなことはあったのですか。

「五十代という若さのせいでしょうか、かなり痛かったようです。最後は痛みを抑えるモルヒネの注射の間隔も短くなり、意識も朦朧としていました。亡くなる二、三日前だったと思いますが、『書く物よこせ』というので紙を渡しました。後で母と見ますとペンで、『家のこと』と書いていまして、その後は何を書いているのか読めなかった」

――遺書を書こうとしたのでしょうか。

「その意思はあったと思います。悟ったと思われる時期がありました。どんなに苦しんでいても、はっとして、もうだめだという目をしているのを感じたときがありました。とくに目が大きかったので目立ったのかもしれません」

――十一代目さんは、ご自身がガンであることを知っていたのですか。

「知らなかったと思います。記者会見も開いていたほどですから。我々もガンだとは伝えてはいません。胃潰瘍がどうだこうだと話していました。昭和四十年ごろというのは、一般での医学の知識は今とだいぶ違いますからね」

15 一人で團十郎を産んだ気丈な母

市川流家元・市川團十郎から父、十一代目團十郎の思い出話を様々な角度から聞いたが、ここで母、千代についても伺う。当代團十郎が既に語っているように、十一代目は療養中に世話をしてくれた千代夫人と同棲、一男一女、当代團十郎と舞踊家・市川紅梅をもうけていたが、大名跡の後継者ゆえ、なかなか結婚できなかった。「結婚できなければ役者をやめる」といった、十一代目の夫人への強い愛は今も語り草になっている。

――團十郎さんのお母さんは、どういう人だったのですか。

「慎み深い人でした。父の十一代目襲名（昭和三十七年）の少し前あたりから役者の奥さんが劇場のロビーに来るようになったと思いますが、母はほとんど来なかったですね」

――ご両親がついに結婚されたのは。

「昭和二十七年です。それまで私と妹と子供が二人いても、まだ籍を入れていなかったんです。前田青邨（日本画家、文化勲章受章者）先生ご夫妻が『そんなことではいけないのでは』と心配してくださって、母を前田家の養女に迎えてくれ、そこから堀越の籍に入り、式を挙げたのです」

――それでは成田屋さんも式に出席したのですか。

「いえ、私は出席していません。今のような披露宴ではなく、簡素な関係者だけの結婚式だったようです。土台、父は戦前に一度結婚しています。結局それはだめになったのです。そして、母と結婚したのは四十歳を過ぎていましたから」

――お母さんが亡くなられたのは。

「昭和五十年十一月二十四日です。五十九歳でした。父もそうですが、肺結核を患っていまして、私の中学、高校のころは入退院を繰り返していました」

――普段はどんなお母さんでしたか。

「化粧っ気のない人でした。あれっと思うのですが、二代目翠扇（九代目團十郎の長女）

さんの写真に感じが結構似ているんですよ。我慢強い人で、母の話ですと父が出かけている間に、医者にも何にもかからずに一人で私を産んだそうです。私を産んでへその緒を結んだあと気を失った。だから、私も危ないところだったそうです」

16 三年頑張れと励ます母

市川流家元・市川團十郎に母・千代の思い出をさらに聞く。

――お母さんが亡くなったとき、團十郎さんは三十前ですね。

「二十九歳のときです。テレビドラマ『宮本武蔵』に出させていただいていました。京都の太秦で撮影中に、妹から連絡を受けて東京に帰りました」

――お母さんの言葉で心に残っているのは。

「私が十九歳のときに父を亡くしまして、とにかく働かなければならないので、舞台のための稽古に行ったり、習ったりで、忙しい毎日でした。同世代の役者はゆとりがあり、遊んでいる。給料が少ないこともありますが、私は遊べない。ちょっと休憩したいと母に言うと、『あと三年待ちなさい』と答えるんですよ」

――その三年という数字は、どこから出てくるのですか。

「さあ、分かりません。とにかく、三年頑張ってと言うんですよ」

――仕事が増えてくるとマネージャーのようなこともしてくれたのですか。

「舞台に出ると出銭があり、二十歳そこそこの役者じゃ働いても生活が成り立たない。テレビに出ると何とか一息つく。母はテレビ出演をお願いしたりしてくれたようです。ところが、当時は出すぎると怖い先輩に怒られるわけです。コマーシャルなんか、とんでもないことでした。今は倅があんなにやっていいますけれども、ね」

――皆さん、テレビによく出ていました。

「菊五郎君が『義経』、辰之助君は『池田大助捕物帳』、私は『若様侍捕物帳』」

――舞台もあるので忙しかったでしょうね。

「撮影が午前二時とか三時まであって、朝七時か八時に起きて東横ホールの序幕に出る。舞台で眠くて困りました」

――ほかにお母さんの思い出は。

「賢い人だったと思います。最後は腎臓結核で、慈恵医大とか北里病院、慶応病院で治療を受けましたが、慶応で遠藤周作先生と知り合い、よくお話をしていました。それも話が合っていたようですから」

17 結構楽しく日本舞踊の稽古

市川流家元・市川團十郎に幼少期のことを聞く。日本舞踊を教わったのは、後に人間国宝、文化勲章受章者となる宗家藤間流家元の六代目藤間勘十郎（1900～1990）である。

——日本舞踊の稽古はいつから始めたのですか。

「日本の芸能は六歳の六月六日から始めたらいいといいますので、私もそのころ始めました。永代のお師匠さん、と呼ばれた宗家藤間流家元の藤間勘十郎さんから習いました。元々、永代橋に住んでおられたので永代のお師匠さんと言われていますが、そのころは浜町に越しておられた。明治座のすぐそばで、最初の日は袴をはいて一階のお師匠さんの前に行き、『これからよろしくお願いします』とあいさつしました。そして、緑色のお扇子をいただき、その日は帰ってきた。次から二階の稽古場にお伺いして、稽古をしていただきました。もう袴ではなく制服で行き、控えの部屋で着替えるのです。稽古といっても遊びに行くようなものでした」

——幼稚園のころですね。そうするとだれに連れて行ってもらったのですか。

「最初は母に連れられて行きましたね。小学校の四年生ごろになると一人で行きます。渋谷から九番の都電が出ていまして、歌舞伎座の前を通って築地、蠣殻町、水天宮、浜町と行く電車です。電車からの景色はよく覚えています」

——ほかの友達と違って、幼いころから稽古事に通うことをどう思っていましたか。

「別にどうということはなかったですね。親が行け、と言っているから行っているという感じです。稽古場に着くと着到（ちゃくとう）という名札をくるっと返すのですが、名札は随分沢山並んでいました」

——稽古は楽しかったのですか。

「ええ、子供のクラスというのではありませんが、結構皆さんが遊んでくれましたから。二階の奥に稽古場があって、手前に控えの部屋がありました。そこで皆と遊んでいた。藤間高子さんたちもいました」

——六代目勘十郎夫人は女優の藤間紫さんで、高子さんは夫妻の長女ですね。

18

無駄をそぎ落とした六代目勘十郎の踊り

市川流家元・市川團十郎に、日本舞踊入門のころの話を引き続き伺う。

——浜町の宗家藤間流の稽古場では、どのように稽古したのですか。

「いまのお師匠さんは月水金など曜日で稽古日を決めていることが多いのですが、このときは一週間稽古、いわば集中講義でした。何日から始まって一週間連続で稽古します。ですから稽古着は初日に持ってきて、一週間置きっぱなしにしておきます。ただ、私は次の稽古まで三週間空くので、忘れてしまうんです」

——一回の稽古はどのくらいですか。

「一人の稽古時間は短いのですが、一生懸命な人は『連れ』で踊る。たとえば、『松の緑』をお師匠さんに教わっている人がいると、すでにそれを習っている何人かの人がその後ろで踊る。復習するわけです」

——後に二代目藤間勘祖を襲名、文化勲章受章者になる大舞踊家に教わったわけですが、どういう方でしたか。

「大変おだやかで物静かな方でした。私が子供だから大人とは違った教え方をするというようなことはなかったと思います。いつも正座しておられ、実際に体を動かすのは大助（藤間紫の弟）さんたち一門の方でしたが、私が最初に習った長唄の『長き世』は勘十郎さん自ら立って直接教えてくださったのを覚えています」

――幼少時から勘十郎さんに教わるのは貴重な体験ですね。師匠の踊りをどう評価しますか。

「余分なものをそぎ落とした踊りだったと思います。自分は舞踊家なので歌舞伎役者のように扮装はしないとおっしゃっていました、（歌舞伎役者だった）若いころは知りませんが、私の知る限りでは素踊りで通していた。宗家藤間流の会で父（十一代目團十郎）と踊った『鉢ノ木』も印象的でした」

――そもそも、どうして宗家藤間流のところへ習いに行ったのですか。

「これは父の命令です。そのころ市川流は、父が新派女優の翠扇おばさんに渡しており、歌舞伎役者の多くが藤間のご宗家（六代目勘十郎）に習っていたので、ご宗家を選んだと思います」

19 ラグビーに熱中した小学生時代

市川流家元の市川團十郎に、小学校から大学までの私生活を聞いてみる、高校までは青山学院、大学は日大芸術学部に進んだ。

――子供のころの團十郎さんは、どういう子だったのですか。

「母の話によりますと、物をねだらない子だったそうです。何かが欲しいと言ってダダをこねるようなことがなかったので、楽だったとは聞いています。成績はあまり良くなかったのですが、まあ普通に過ごしていたと思いますね」

――幼少時は世田谷区上馬で過ごし、地元の幼稚園に、そして小学校からは青山学院に通いましたね。

「上馬のこどもの園幼稚園に通っていましたが、そのころしばしば熱を出す体の弱い子でした。慈恵医大の先生にはしょっちゅう診てもらっていました。そんな子ですから、父が心配して幼稚園園長の松島先生に相談、青山学院に決めたと聞いています」

――体が弱いとすると、スポーツはしなかったのですか。

「ところが、結構やっていました。四年生のときからコアラーズという学校内のチームに入ってラグビーに熱中していました。

――ラグビーとは、また激しいスポーツをしていたものですね。怪我をしてはいけないということで、歌舞伎役者の子どもは激しいスポーツを避けがちのようですが。

「青山学院に平沢先生という方がいまして、体を丈夫にするためにラグビーをやらせた方がいい、と父に話したところ、父は逡巡しましたが、やらせてみようということになったのです」

――ポジションはどこでしたか。

「子供ですから、フォワードのフッカーやスリークォーターなどいろんなところをやりました。秩父宮ラグビー場で試合をしたこともありますよ。大会というようなものではありません。そのころ、東京の小学校でラグビー部があったのは青山学院と成城学園ぐらいでしたから」

――ヘッドギアをした凛々しい姿でグラウンドを駆け回っていたのですね。

「凛々しいというより、追いかけっこですね。ヘッドギアはほとんどしなかった。大人ほど当たりは強くないですから」

20 ラグビーも後継ぎ、海老蔵ニュージーランド遠征

市川流家元の市川團十郎に引き続き小学校時代の話しを聞く。


――小学校時代の同級生とは今もお付き合いがありますか。

「私たちの学年は、六年間クラス替えがなかった。実験的な試みだったと思いますが、おかげさまで同窓会にはクラス四十人中、二十人以上出席します。同級のラグビー部員

の宮田君は、新日鉄で活躍していました。小学校時代、体はそれほど大きいというわけではありませんが、さすがに機敏さは我々とは違っていました」

――ラグビーは小学校時代だけですか。

「そうです。体が大きくなってくると、当たりもきつく、骨折もありうるわけですからやらない方がいい、と言われて止めました。もともと、健康のためにやらせていただいたわけですから」

――でも、いい思い出になったでしょう。

「球を追っかけて奪い合う。面白かったですね。その経験がありますから（長男）海老蔵にもコアラーズでラグビーをやらせました。われわれの時代は細々とやっていましたが、彼らのときはニュージーランド遠征までやってのけた。ラグビーは今でもマイナーな競技ですが、私たちのころはもっとマイナーでした」

――親子でラガーだったわけですから、ラグビー賛歌を一言聞かせてください。

「実業界に結構、ラガーは多いんですよ。団結力とか、自分のポジションの任務を遂行する力がないとラグビーは出来ませんから。実業界の方と話しをしていて、ラグビーで思わず話しが弾むこともあるんですよ」

——チームメートとスクラムを組んでいた小学校時代のお話を伺っていますと、梨園の御曹司として別世界の少年時代を送っていたのではないということがよく分かります。

「父も私たち兄妹をそういう風には育てなかったですね」

——普通の家庭の子のように小学校時代を楽しんだわけですね。

「そうです。ただ、稽古が始まると稽古以外は全てストップします」

——それはどれぐらいの期間ですか。

「小学生のときに子役で出たのは十数回。平均すると年に二か月ほどでした」

21 舞台が減っても稽古事が増えた中学時代

市川流家元・市川團十郎は、青山学院の中等部に進む。変声期のため歌舞伎役者の子弟で舞台出演の少ない中学生時代の様子を聞いた。

――歌舞伎役者の子は小学生時代、時代物の子役などで活躍しますが、中学に入ると舞台の仕事はどうなるのですか。

「声変わりになりますから役らしい役はほとんどなくなり、『仮名手本忠臣蔵』の諸士や『め組の喧嘩』の鳶、『道成寺』の所化などに出ていました」

――いまの幹部俳優の子弟はあまりそういう役には出ないのではありませんか。

「そうですね。いまだけでなく、私の中学時代もそういった小さな役に出ることが少なくなったと言われました。というのも、父の時代ですと多くの場合（旧制）中学も行かず、芝居ばかりしていましたからいろんな役に出ているのです。しかし少ないとはいえ、いまの子どもたちも所化などで出ているのですが、そういう役は印象が薄いわけです」

――中学生のときの大きな役としてはどんな役がありますか。

「父（十一代目團十郎）の七段目の由良之助で、力弥に出させていただきました」

――舞台出演の少ない時代は、学生生活を満喫できましたか。

「舞台は少なくなりますが、小学校から始めた舞踊に加え、鼓、三味線、長唄などを習いに行くようになりました。結構、稽古事の量は増えていきましたね」

――小学校時代のラグビーは止めたそうですが、どんなスポーツをしていたのですか。

「中学に入って何をしようかというとき、ラグビーはだめだといわれて、最初卓球部に入りました。それから、当時足が早かったので陸上競技部から勧誘があり、完全には入らなかったのですが短距離用のスパイクをはいた競技をしていました」

22 母が保存していてくれたノート

市川流家元・市川團十郎に、引き続き中学時代の話を聞く。

――中学になりますと勉強も難しくなります。勉強の方はいかがでしたか。

「ほとんど勉強をしなかったように記憶していたのですが、後にそのころのノートが出てきまして、それを見るときちんとノートを取っている。勉強していたんですね」

――ご自身で古いノートを保存していたのですか。

「いいえ、母親がとっておいてくれたようです。それも引っ越しや何かで散逸してしまいました」

――中学校での思い出は。

「皇太子（今上天皇）さま御成婚（昭和三十四年四月）のことを覚えています。中等部の授業を受けていました。皇太子さまの馬車が御所を出て青山通りを通って常盤松の御所に入られた。その行列が青山学院の横を通ったのです。授業中でしたが、皆で教室の窓に駆け寄って見ました。窓に鈴なりですよ」

――いい思い出ですね。ほかに中学での思い出はありますか。

「ルンペンストーブというのも懐かしい思い出です。木造二階建てのガタピシする古い校舎でしたから、冬はルンペンストーブと呼んでいたダルマ型の石炭ストーブで暖を取るんです。冷暖房なんかありませんよ」

――石炭とは懐かしいですね。

「校舎の裏に石炭置き場があって、当番が長細いバケツで教室に運んできて、ストーブにくべるのです。男女一人ずつで組になって、授業が終わると掃除をして帰る。私もやりました。そのストーブの辺りにお弁当を置き温めておく。そうすると、教室中にお弁当の匂いがプンプン充満している。そんな時代でしたね。親たちが古い校舎を建て替えるために寄付をしてきたのですが、新校舎が完成したのは卒業後でしたね」

――小学校のときも石炭ストーブをたいたのですか。

「いえ、小学校はすでに鉄筋コンクリートになっており、スチーム暖房でした」

23 無我夢中だった荒磯会の弁慶

市川流家元・市川團十郎は昭和三十七年に青山学院中等部を卒業、高等部に進む。

歌舞伎役者・市川新之助は、次第に大人の世界に近づいてくる。

——高校になると舞台もそろそろ忙しくなってくるのですか。

「高校一年の昭和三十七年は舞台も少なかったのですが、十月に父の十一代目團十郎襲名がありまして、父の『助六』で福山のかつぎをさせていただきました。父は新作も多く手掛けていまして、襲名のころから私も一緒に出させていただくようになりました」

——そのころですね、荒磯会という勉強会が始まったのは。

「父は、弟子たちのために新富町の料亭で勉強会を開いていました。それが荒磯会の始まりでした。そのころは、後援会の方々に見ていただく浴衣会だったんです。荒磯は市川家でよく使う吉祥の図柄です」

——昭和三十八年七月に團十郎さん、当時の新之助さんが参加するようになり、スケールアップした。これが第一回荒磯会ですね。

「私がある程度成長してきたので、弟子たちと一緒に本格的な舞台でやらせようということになったのです。最初に演じたのが『勧進帳』の弁慶。劇場は永田町の砂防会館ホールでした」

――砂防会館ホールは新劇の公演にも使われていましたね。

「このときは、珍しく父が台本を書き写せというので、全部書き写しました。自分のせりふだけ書き出す書き抜きではなく、全部書きました」

――狂言作者が俳優各人の分だけ書き抜いて渡すことは聞いていますが、役者が全部書き写すのは珍しいですね。

「そうしてから稽古に臨んだんです。荒磯会ではそのあと、松王など教わりましたが、台本を写せとは言われなかった。『勧進帳』だけです。命じた理由は聞いていませんが、歌舞伎十八番のこの作品は違うんだなと思いました」

――お家芸の歌舞伎十八番。どんな気持ちでしたか。

「とにかく無我夢中で、よく覚えていません。笄町から現住所のところに移ったばかりで、ここで稽古をしました。私が弁慶で、弟子の息子さんが富樫。私は父の厳しい稽古に慣れていましたが、彼は怒られ、怒られ、泣いていました。泣いてせりふがうまく言えなくなると、また怒られて」

24 お蔵入り寸前だった「鏡獅子」

市川流家元の市川團十郎に高校時代の話をさらに聞く。

――お父さん（十一代目市川團十郎）の稽古は聞きしに勝る厳しさですね。

「ボカっというのもありました。カッカすると口が出ないで、手が先に出る」

――その後の荒磯会はどうなりますか。

（昭和四十年）は三越劇場で、私は『鏡獅子』を踊らせていただきました。新派女優の市川翠扇おばさんに教われと父に言われて、建て替え前のこの家で稽古をしました。私の出来があまりにもひどいので、父がお蔵にすると怒った。おばさんが、せっかく覚えたのだからとフォローしてくれたので何とか踊ることができたのです」

――難産の末に日の目を見た舞台だったのですね。この演目の弥生で女形も勉強したのですね。

「このときの、もうひとつの演目は片岡芦燕さんの『熊谷陣屋』。お弟子さんの息子さんが義経でした。その子が『戦半ばに暇を』の戦を訛るので父に何度も直された。子供なのでなかなか直らない。ただ、その子は気丈で泣かなかったですね」

――荒磯会は四十八年の第七回で終了します。團十郎さんにとって荒磯会はどういう成果がありましたか。

「荒磯会は父が亡くなってからも続けてやりたいと思い、『切られ与三郎』とか、実験的な成田利生記などを上演、本公演にかかったりしました。それが、『成田山分身不動』につながってきたと思います」

――高校時代、学校ではどんなことが。

「小学校のときからうちの父は何かあると学校に来るのですが、高校時代、机の上で百円玉をどこまで遠くはじくことが出来るかを競う賭けごとをして御用になり、父兄を呼び出すことになった。父が行くというので大騒ぎになった覚えがあります。結局、母が学校に来ましたけれど。一年生のときは父の襲名公演以外舞台はなかったので、硬式テニス部に入ってテニスをしていました。陸上部にも顔を出していましたね。ただ二年生から舞台が続くようになり、学校が終わるとまっすぐ家に帰るようになりました』

25 父の死で大学生活一転

市川流家元・市川團十郎は昭和四十年四月、日本大学芸術学部に入学した。前年に開かれた東京オリンピックの余韻も覚めず、日本は高度成長の坂をひたすら昇っていた年だ。三十七年十月に父が十一代目團十郎を襲名、父と共演する舞台の仕事も増えていった。多忙な中での進学であった。

――青山学院高等部から日大に進んだのは。

「青山学院大学にそのまま進めると思っていたら試験がありまして、大学に進めなかったのです」

――高校に入った当初は仕事が少なかったそうですが、一年生の秋の十一代目の襲名から忙しくなったと話していましたね。それからは十一代目さんの新作に出演したり、そのキャンペーンに同行したり。学校と舞台の両立は難しかったと思います。

「父は自分が大学に行かなかったせいか大学に固執していまして、とにかく受験しなさい。東大を受けなさいという。驚きましたが本郷で受けました。ほかに早稲田や慶應、上智も。しかし、受験勉強をしてこなかったから受かるはずありません。それでも、いままでは面白い経験をしたと思っています」

――日大に進学した経緯は。

「受験勉強していなかったので受かるわけがない、と思いながら最後に受けた日大に受かりました。試験日が遅かったのです」

――大学に入るともう大人ですから、仕事も舞台も増えて学校どころではなくなりますね。

「いいえ、大学に入った年は父も健在でしたから、真面目に大学に通いました。ただ、やはり舞台も増えてきました。今の菊五郎さんや亡くなった辰之助さんたちと東横ホールに出たりしましたけれど。まあ、大学に行けていました。夏休みには運転免許を取りに行ったりしていたんです。しかし父の具合が悪くなり八月に手術、十一月に亡くなったものですから、自分で働かなければならなくなりまして。それからはあまり大学に行けなくなりました。そんな中でも二年生までは単位を取っていましたね。前にもお話ししましたが、当時は歌舞伎だけでは生活が維持できないのでテレビドラマにも出ていたわけです」

26 学園紛争のため半年集中講義

市川流家元・市川團十郎は昭和四十四年三月に日大芸術学部を卒業する。その年の一月、東大安田講堂事件が起こったばかり。翌年はまさに七十年安保の年。今では想像もできないような激しい大学紛争の時期に学生生活を送っていたことになる。

――昼間は歌舞伎。夜はテレビの収録。それでは大学を続けられないですね。卒業しなかったのですか。

「ところが二年生になると学園紛争が起こりまして、そこら中の学校がめちゃくちゃになり授業が出来なくなりました。そういう時代でした」

――多くの大学でバリケード封鎖されました。日大闘争も盛んでした。

「それで二年間全く学校に行かずに働いていたんです。昼に東横で『寺子屋』の武部源蔵を演じて、夜はテレビドラマの撮影という具合で、きつかったですね」

――それでは学校どころではないですね。

「二年近く行かなかったですね。ところが四年生になって学校から連絡がありまして、二年生までの一般教養の単位を取得していれば最後に集中講義を受けると卒業出来るというのです」

――それはラッキーですね。

「夏ごろから次の年にかけてびっしり授業がありました。朝の八時半ごろから夜の八時ごろまで授業を受けるんです。冬になりますとストーブは焚くのですが窓がほとんど割れていますので風がスースー入ってきます。オーバーコートを着て先生の講義を聴くのです。江古田だけでなく両国の講堂でも授業がありました。ここは真ん中の大講堂の回りに小さな部屋が並んでいる。この小さな部屋を巡っていくのです。結局、半年弱はみっちり通いました。こんな授業で卒業はしました」

――本当に激動の時代でしたね。大学時代を今振り返ると。

「半年は勉強して、あとは芝居漬け。遊ぶ時間はなかったですね。ほかの役者と違って私はお金もなかった」

――舞台の方はどういう座組みでしたか。

「菊五郎劇団には参加していませんが、たえず特別出演という形で出ていましたので、尾上菊五郎さん、初代尾上辰之助さん、坂東彦三郎さんたちと一緒でした。市川段四郎さん、澤村藤十郎さんもよく共演しましたね」

27

海老蔵襲名　江戸根生いのありがたさ

市川流家元・市川團十郎は昭和四十四年十一月、東京・歌舞伎座の「助六由縁江戸桜」ほかで十代目市川海老蔵を襲名、三十三年五月以来名乗った六代目市川新之助に別れを告げた。

――大学卒業の年の十一月に海老蔵を襲名しました。その経緯は。

「新之助というのは、いわば幼名ですから、そろそろ海老蔵を名乗らなければならないという声が出てきまして、それで襲名させていただくことになったわけです」

――そのとき成田屋さんにとって海老蔵とはどんな存在でしたか。

「やはり長年、父は海老さまと言われていましたので、いよいよ父の名を名乗るんだという思いはありました。父が團十郎を名乗った期間は短く、海老蔵という印象が強かったですね」

——海老蔵襲名で心に残ることは。

「三人の方に大変お世話になりました。前田青邨先生、大佛次郎先生、舟橋聖一先生。父にいろいろな作品を書いてくださった先生方です。それに市川家には河東節のみなさんが応援してくださいました」

——歌舞伎十八番の「助六」は市川家に欠かせない演目ですが、その「助六」に欠かせないのが河東節。これは贔屓の旦那衆が演奏するものですね。

「これには長い歴史があります。このほか、例えば、今年四月の歌舞伎座さよなら公演の『助六』では魚河岸の方にお会いして紫の鉢巻きをいただいてまいりました。成田山新勝寺も大きな後ろ盾になってくださいます」

——海老蔵や團十郎襲名に欠かせない「助六」を上演するには俳優やスタッフ以外の協力が必要なのですね。

「ご協力いただけるのは、江戸根生いである市川家のありがたさと思います。歌舞伎の家でも江戸根生いというのは少ないんですよ。ほとんど関西から来ています。それだけに、江戸時代に魚河岸などが助けてくれたという伝統が続いているのです」

28 勉強になった女優との共演

市川流家元・市川團十郎は昭和四十四年十一月、十代目市川海老蔵を襲名、同六十年四月に十二代目團十郎襲名まで十六年近くこの名を名乗る。時あたかも日本経済は高度成長の真っただ中であった。

——海老蔵襲名は日大芸術学部を卒業したばかりの二十三歳でした。

「襲名に当たり、前田青邨先生のお勧めで鎌倉にある円覚寺を訪ね、朝比奈宗源先生の元で数日、参禅させていただきました」

——心の準備ですね。今振り返ると、海老蔵時代はご自身にとってどういう時代でしたか。

「この時代は歌舞伎以外の仕事も結構しています。松緑（二代目）おじさんの明治座のいろいろな新作に出させていただいたり、先代の水谷八重子先生の相手役をさせていただいたりしました。テレビでは吉永小百合さんと『春の雪』を撮りました。テレビや舞台で佐久間良子さん、草笛光子さん、若尾文子さん、香山美子さんなど多くの女優さんと共演しました」

——華やかですね。そういえば、歌舞伎以外の仕事もよくなさっていた。

「歌舞伎以外の仕事は、場合によって周囲の抵抗もありました。たとえば、若いころテレビのコマーシャルに、出る話がきたのですが、『そんなものは駄目だ』という声があり、実現しなかったこともあります。昨今では考えられないことです。今は逆にコマーシャルで顔を売っておいた方がいいという考え方もあります。これはどちらがいいか、判断は難しいところですが。海老蔵時代の最初のころは、こんな様子でした」

——よそ見をせずに歌舞伎に専念しなさい、という先輩の教えだった訳ですね。女形さんではなく女優さんと芝居をしたことはいい経験になったのではありませんか。

「歌舞伎では女形さんと芝居をしていますが、女優さん相手ならこうなるということが理解できたので、歌舞伎での女形さんとのやり取りも分かるようになったんではないでしょうか。勉強になったと思います」

29 一度は逡巡した團十郎襲名

市川流家元・市川團十郎は昭和六十年四月一日、東京・歌舞伎座で三か月にわたる十二代目團十郎襲名披露興行の初日を迎えた。この月の出演俳優は総勢百六十人。「襲名口上」には六代目中村歌右衛門、二代目尾上松緑、七代目尾上梅幸、十七代目中村勘三郎、十三代目片岡仁左衛門ら戦後歌舞伎を支えた名優など四十七人が勢ぞろいした。二十年ぶりに復活した新・團十郎の「勧進帳」「助六」に客席は沸きに沸く。空前絶後のこの襲名興行を起爆剤にして始まった歌舞伎ブームは、平成に入ってのバブル崩壊、近年のリーマンショックを乗り越え、今なお続いている。

――私事で恐縮ですが、十二代目團十郎襲名の取材を機に読売新聞芸能部（現文化部）の演劇担当になりましたので、思い出深い襲名です。初日の記事を見ますと、團十郎さんは「気分はきょうの青空のように晴れやか」と楽屋入り、「歴代團十郎に負けないようにと自分に言い聞かせている。体調は十分」と話していました。はや四半世紀前のことになりますが、今振り返るといかがですか。

「大変なことだったと思います。そのあとアメリカのメトロポリタン・オペラハウスに出させていただくなど襲名は二年がかりでした。こんなビッグイベントをしていただいていいのか、と当時思ったこともあります。とにかく皆さんの言う通りに動くのが一番だと、そんな気持ちで二年間勤めました」

――いくらお父さんが團十郎だったとはいえ、襲名が決まったときは相当プレッシャーを感じたのではありませんか。

「父は養子でしたから襲名についてはそれなりの苦労があったと聞いていますが、私は父のお蔭で苦労することなく襲名できました。ただ、そんなに力のない私が大きな名を名乗っていいものかどうか、随分逡巡しました」

30 いい芝居作るしか道はない

市川流家元・市川團十郎に引き続き襲名の話を聞く。

――襲名をためらったそうですが、何時、どのようなきっかけで襲名を決意したのですか。

「昭和六十年以前にも襲名をしないかというお話はありました。ただ、そのときはまだ襲名する時期ではないなと思い、お断りしました。明治の九代目團十郎から父が十一代目（十代目は死後追贈）を襲名するまで六十年間、舞台に團十郎が登場しなかったのですが、昭和六十年は父が亡くなってちょうど二十年の節目でした。襲名を決意するまで、家に関係なく、別の方に團十郎を名乗っていただく方がいいのかなと思ったこともあります。そんな中で襲名の話を、どうしたらいいか悩みました。悩んでトンネルに入っているような状態でしたが、ある日、あっさり自分でトンネルから抜け出しました」

――ふっ切れたのですね。

「よし、これはもう名乗ってしまおうと。襲名の二年ほど前でしたでしょうか」

――決意をしたあと、どんな覚悟をしましたか。

「私が團十郎になったら、文句を言われるに決まっている。言われないより言われた方がいいという結論に達しました」

――襲名してから悩んだことは。

「團十郎という名前の位置です」

――公演での名前の順序。連名ですね。

「父もそれで苦しんだわけです。私も團十郎という名前はしかるべき位置にいないといけないと思っていました。しかし、思うようにはいかなかったですね。ところが過去のことを勉強していくと、團十郎でも名前が書き出しや止めにない時代もあることが分かったのです。それで私も、まあいいかと思うようになりました」

——そして襲名から二十五年が経過しました。

「早いものです。海老蔵よりだいぶ長くなり、自分でも驚いています。この先どうするかですが、われわれとしては少しでも多くの方に『良かったね』と言われる舞台を勤めるよう心がけるしかありませんね」

31 隆盛歌舞伎　幹はまっすぐに

市川流家元・市川團十郎は荒事を確立した市川宗家の継承者である。その團十郎に歌舞伎の現状をどう見ているか尋ねた。

——日本経済はリーマンショックからようやく立ち直り始めたばかりですが、歌舞伎はかってないほど盛況のようですね。

「歌舞伎の歴史の中でもかなりハイレベルな時期だと思います。ハイレベルというのは人気の点です。元禄（1700年前後）のころ人気が高く、そのあと衰退、人形浄瑠璃（現在の文楽）にとって代わられています。（幕末の）文化・文政期にまた盛んになっている。そういう流れの中で、今はひとつの大きな山が来ている時期だと思います」

——全国で年間延べ五十か月近くも公演があります。

「信じがたい状況ですが、ありがたいことです。それに対して、文化を伝える者として責任を感じなければいけません」

——伝統芸能の中でも歌舞伎が特に好調。一人勝ちにも思えます。

「歌舞伎だけがいいとすれば、果たしてそれでいいのかなと感じます。歌舞伎はそれほど国の援助を受けずに興行として成り立っている。伝統芸能としては世界でも例を見ない形です」

——それだけ歌舞伎が支持されているということだと思いますが、好調だけに気を付けなければいけないということもありますか。

「それはありますね。いっぱい枝が茂っている状態ですから、幹はまっすぐにさせていなければならないと思っています。ある枝がいいからといってどんどん大きくなって傾いてくれれば、幹が傾いてくる。そうなると危険だと思います。そういうことがなくて、いろんな人がいろんなことをしていることはいいと思います。芯になる歌舞伎がしっかりしていればいいのです。それと歌舞伎にまつわる着物とか、小道具などの日本の伝統的な工芸が衰退していることを何とかしなければならない。今、危険な状態です。先にも話しましたが、歌舞伎はそれほど国から援助を受けていません。受けるようになると芸が衰退するかもしれません。今のうちに、いろんなことを考えていなければならないですね」

32 病気の経験が少しでも役に立てば

市川流家元・市川團十郎は長男の十一代目市川海老蔵襲名で多忙を極めた平成十六年五月、白血病で倒れた。同年十月のパリ公演で復帰したが、翌年六月再発した。その後、治療と復帰を繰り返し、二十年には治療の過程で血液型がA型からO型に変わったことを明らかにした。この間の過酷な闘病生活をつづった「團十郎復活」がこの春、文芸春秋社から出版された。また、闘病時の思いは昨年一月に読売新聞ホームページ「劇場見聞録」に詳しく語っている。

――「團十郎復活」出版の経緯は。

「入院中に書いたものを成田屋のホームページに少しずつ出させてもらっていました。そのほかにホームページに出していないものもかなりありまして、それをまとめてみないかというお話をいただきました。私は発症があって、再発があって、異形成症候群と三回病気に見舞われています。最初は息子の海老蔵襲名のころに発病、それが治ってパリのシャイヨー劇場に出演しました。その後、再発して回復、オペラ座に出ました。そんなことがいろいろありますので、本にということになったのです。これまでの治療と講演の話をつづらせていただきました」

——闘病については出版だけでなく、お話もされています。

「まことに僭越ですが、病気に罹ったあと、いろいろなところで患者さんとお会いする機会がありました。先日も福岡県にある白血病の治療では日本でトップクラスの病院に行ってきました。そこで経験談を話しますと、反応がすごかった。あとでお手紙もいただきました。私が元気で舞台に立っていることは、病気と闘っている人にいい影響を与えているようなんですね。私でお役に立つことならと思ってお話をさせていただいています」

——五年にも及ぶ辛い闘病を、今どのように見ていますか。

「少し前の医学の水準では、私のような場合、今生きていない。現在の医学の水準があるからこそ生きている。それは運命だと思いますね。医学の進歩がなければ今の私はない。そういった中での自分の感覚を大切にしたいと思っています」

33 夫人は着物普及で歌舞伎に貢献

市川流家元・市川團十郎は昭和五十一年に希実子夫人と結婚、歌舞伎俳優の長男、市川海老蔵、その妹で舞踊家の長女、市川ぼたんがいる。ここで家族の話を伺う。

——希実子さんとの結婚の経緯を聞かせてください。

「どういうきっかけで知り合ったかといいますと、(画家の) 前田青邨先生の三番目のお嬢さんの学校の知り合いということで、最初は楽屋で会いました。それでお芝居を見に来てくれるようになった。大阪で芝居があったときも見に来てくれたので食事に誘いました。そのときいい人だなと思ったことがきっかけでしょうか。そんなにデートをした記憶はないのですが、いつの間にか結婚する方向になっていたという感じですね」

——結婚したとき、こんな家庭にしようというビジョンはありましたか。

「昭和五十年十一月に母が亡くなりまして、両親ともいなくなりましたので、私も身の処し方を考えなければいけないと思っていた。そういうときに巡り会ったわけです。それで結婚しました。もちろん、いい家庭を作ろうと思いましたよ。でも、だからこういうビジョンでというようなことは考えませんでした」

——奥様は着物コーディネーターとして活躍、五年前に着物についての著書「着物ごよみ」を主婦の友社から出していますね。

「最初にこのお話がきたとき、やるべきかどうか考えました。たまたま着物のアドバイスということで、市川家の柄をうまく使ったものを紹介するのならいいのではということになり、本を出していただくことにしました。小紋風の六弥太とか十字蝙蝠など結構評判がよく、(活動が)だんだん広がっていったようです」

——着物は歌舞伎と縁が深いもので、その点でもいいことですね。

「着物は難しい時代ですね。みなさんに少しでも着物に触れていただきたい。もし着物業界が疲弊してきますと、われわれの舞台にも影響が出てきかねない。織元に元気がなくなると機が織れないからです。歌舞伎の衣裳は幅が広いものもありますし、ちょっと洒落た柄のものが織れなくなるわけです。今、『勧進帳』の大口（袴）を作っているのは1社だけ。これは大きな問題で、家内が着物普及に関わっている理由でもあります」

34　海老蔵誕生　うれしくて日帰り帰京

市川流家元・市川團十郎の長男・市川海老蔵は平成二十二年七月二十九日、都内のホテルでフリーキャスターの小林麻央さんと結婚式を挙げ、披露宴を開く。歌舞伎の座頭公演も経験、今や歌舞伎界の牽引者の一人に成長した市川家の若宗家である。

――海老蔵さんが生まれたのは昭和五十二年十二月のことでした。そのとき團十郎さんはどちらにいましたか。

「ちょうどその時、京都・南座の顔見世で、夜の部は六代目歌右衛門おじさんの『かさね』の与右衛門をやらせていただいていました。夕方、子供が生まれたと電話がありました。男の子だ、万歳というんで皆と祇園に繰り出しました。その時は亡くなった辰之助（初代）さんと今の梅玉さん、私の三人が交代で与右衛門を勤めていました。昼の部にもうひと役出ていまして、夜の部の出番のない日に昼の部を終えてすぐ東京に帰り、その日のうちに京都に戻った記憶があります。一回でしたが」

――それはうれしかったでしょう。海老蔵さんは新之助だった少年時代、ミュージカル「ライル」に出演するなど子役としても活躍していましたが、お父さんから見てどういうお子さんでしたか。

「やんちゃなところはありましたが、子供らしい子供でした。確か小学校六年生のときに『ライル』に出まして、中学生になってから『スタンド・バイ・ミー』に出させていただきました」

――團十郎さんはダダをこねない子だったとお話ししていただきましたが、海老蔵さんはいかがでしたか。

「そうですね、やはりダダをこねるようなことはあまりなかったと思います」

35 海老蔵教育　基本は「自分で考えなさい」

市川流家元・市川團十郎に、引き続き長男・海老蔵や長女・ぼたんの話を聞く。

――海老蔵さんは若くして新橋演舞場の座頭を勤めたり、歌舞伎十八番の「七つ面」を復活したりで、まさに日の出の勢い。團十郎さんが、「やんちゃなところもある」と話していましたが、舞台と私生活の両方で現在の活躍ぶりをどう見ていますか。

「いろいろご批判はあろうかと思います。われわれは、ああしてはいけない、こうしてはいけないという制約の中で育ってきました。しかし、私はこれだけはという時には怒りますが、それ以外は自分で考えなさいという方針を主体にしています。海老蔵が、二十代前半のころまでは、『出ていけ』と怒ったこともあります。ただ、私の子供のころと違って昨今はゲームセンターや友達の部屋などどこにでも行くところがあるので、この叱り方はあまり効果ありませんね。三十歳になってからは、私がどうこう言うこともない。根本的にこれだけは曲げてはいけないということだけは言いますけれど、それ以外は言わない方針です」

――團十郎さんが病気になったためかもしれませんが、ここ四，五年大人になった気がします。

「そういうことはあるかも知れませんが、まだ子供だなというところもあります。両方ありますね」

――娘さんの市川ぼたんさんは一昨年「瞼の母」で舞台デビューしましたが、市川流の踊りの道も歩んでいます。家元を継がれるのですか。

「前にお話ししましたように、私の中では家元とか宗家ということを申し上げないようにしています。日本舞踊を習うにはお金がかかると言われますが、そういうことのないように教えて差し上げるということを市川流の理念にしていますので、家元がどうのということはあまり考えていません。日本舞踊が衰退しないようにする、さらには日本文化を守ることの一助になればと思ってやっているのです」

36 いい器にこそ、いい歌舞伎が

市川流家元・市川團十郎のロングインタビューもいよいよ最終回。昨年一月国立劇場で「象引」を復活した。これで團十郎による市川家のお家芸である歌舞伎十八番の未上演は六演目。これをどのように復活、上演していくのか。また四月でさよなら公演を終え、これから建て替えの始まる歌舞伎座について伺った。

――歌舞伎十八番の未上演演目についてこれからどのように取り組みますか。

「『解脱』はやらせていただいていますが、景清系統のものはあまり手を付けていません。『蛇柳』などをどうするか、うつらうつら考えている状態です。やっていないものの中で封じ物もあっていいと考えています。『嫐（うわなり）』という踊りがありますが、一説によるとこれを演じるといいことがない、という話が結構残っています。十八番の中にもひとつぐらい、上演しない封じ物があってもいいのではないかと思っています。そのほかは、これだというポイントが見つかったときに復活したいですね」

――歌舞伎座がいよいよ建て替えられることになりました。

「今の歌舞伎座が再建されたのが昭和二十六年で、私の初舞台が二十八年です。私の役者人生とほとんど同じです。ですから残念です。できれば今のままでリニューアルできないかなと思っていましたが、耐震性の問題などでそうはいかない。最初に見せていただいた完成予想図はモダン和風のようなものだったので、それは反対しました。幸い玄関の破風屋根など残るというので、ひとつ安心はしました」

――新しい歌舞伎座に対する期待は。

「内部は現在のものと同じようになると聞いていますが、同じように作っても同じ音響にならないということもあります。徹底していいものを作っていただきたい。とにかく、器が大事と私は思っています。いい樽で醸造して初めていい酒が出来る。樽がよくないといい醸造は出来ません。いい器にいい酒。そんな歌舞伎座になってほしいと思っています」

――本当にありがとうございました。

（平成二十一年十一月から平成二十二年七月まで読売新聞HP連載）

第二章

妻の思い出

十二代目市川團十郎さんの五年祭追善公演を終えた翌月（平成三十年六月）、ご自宅に奥様の堀越希実子さんを訪ね、亡き團十郎さんの思い出をあれこれ伺いました。

市川宗家と知らず

——早いもので、團十郎さんが亡くなられて五年になります。今日は昔を思い出していただきたいと思います。まず、初めての出会いについて。團十郎さんは「家元探訪」の中で、日本画家・前田青邨さんのお孫さんに紹介されたと語っていますが。

「ええ、前田青邨先生のお孫さんと私が学校（学習院大学）で一緒だったんです。その方に会ってみないかとお話をいただき、青邨先生の奥様を介してお見合いをいたしました」

——ご結婚は昭和五十一年ですから、その前の年ですか。

「いえ、五十一年の二月です。歌舞伎座の楽屋でした。外で会うといろいろ大変だというので楽屋でお会いしました。周りの方のお計らいだったようです」

――まだお若いときですよね。

「今は大学を卒業すると就職というのが当たり前のようですが。そのころは結婚が当たり前で、友達を見ましても、結婚、就職、何もしない人がそれぞれ同じくらいだったと思います」

――お見合いのお相手が人気歌舞伎俳優の市川海老蔵（当時）さん。一般的に歌舞伎の家は大変だと言われます。中でも江戸歌舞伎を代表するような名門の御曹司。どう思いましたか。

「それが、若かったんですね、そういうことを全く知らなかったんです」

――歌舞伎はご存知だった？

「歌舞伎は好きだったんです。大学で一年生のときだけですが、歌舞伎研究会に入っていました。歌舞伎を通して前田先生のお孫さんとも知り合いだったんです。ただ、主人（十二代目團十郎）が市川宗家というようなことは知らなかったんですよ」

――当時の市川海老蔵のイメージは。

『勧進帳』の弁慶や『かさね』の与右衛門などを見て、かっこいいな、というだけなんです。細かいことは全く考えないでお嫁に来たんです」

――楽屋でお見合いしたときのお二人は。

「向こうも緊張して、こちらも緊張して。どうぞよろしく、とお互いにあいさつしました。主人は緊張してタバコを反対に吸ってしまって。火をフィルターの方に付けてしまって、あ、反対だって笑っていました」

――愉快なエピソードですね。この人が未来の夫と確信しましたか。

「この人と結婚するのかなと、ちょっと思いましたけれど、この時は、そんなに真剣に考えなかったですね。実は、母が私を早くお嫁入りさせたくて、いくつかお見合いをさせられていたんです。それをわがままに全部お断りしていたんです。自分が好きな人じゃないと結婚できないなと思って。でも、このときは、この人ならいいかな、とそんな思いはありましたね」

――それで話は前に進んで。

「そうですね、次の日、電話がかかってきて、食事でもというので待っていると、主人の妹が車を運転して迎えにきてくれたんです。それが二月のことで、三月は舞台がお休みだったかな。主人がＮＨＫの番組で料理をしなければいけないので教えてほしいと妹と我が家に来ました。確か山川静夫さんの番組で、ホワイトシチューと海老やパンの料理を教えた記憶があります。それから毎日のように妹と二人でうちに来てご飯を食べていました。その頃、主人と妹は二人きりでしたから。

――そういえば、團十郎さんの父・十一代目は團十郎さんが十九歳のときに他界、お母様の千代さんはお見合いの前年の十一月に亡くなっていますから二人きりだったんですね。

「三月いっぱい、そんなことがあって、四月になってお互いが結婚しようかということになりました。四月の終わりでしたか、武原はん（地唄舞の舞踊家）さんの料亭で婚約式をすることになったんです。

――お見合いから三か月。早いですね。

「早いんです。婚約式は内輪だけですませて、そのあと結納。結婚披露宴は十一月二十七日のホテル・オークラの平安の間で開きました」

――ここでは記者会見もあり、お嫁さんとして発言も求められる。

「緊張に次ぐ緊張で、何も言えなくて、もじもじしっぱなしでした。初めてですから。主人が私の言えない分を全部言ってくれました」

おおらかで優しい人柄

――結婚する前は、團十郎さんとはどんな人と思っていましたか。

「噂ではしゃべらないとか、難しい人とか聞いていました。でも会ってみると、おおらかなようですし、優しいし、包容力もありそうで、いいなと感じました」

――それは結婚後も変わりませんか。

「変わりませんね。結婚してからも周りの人が大変でしょうと言ってくれるのですが、その意味が分からなかった。ただ、結婚してから忙しくて。十二月に成駒屋（六代目中村歌右衛門）さんとの舞台があって、初日にはロビーであいさつに立ちました。古くからの番頭さんや主人の妹、もちろん主人にも初日には来なければいけないと教わって。

その公演が終わるとお正月。新居の狭いマンションにお弟子さんたちが大勢来て、新年のあいさつなど今までしたこともないことをするので、とまどうばかりでした。そのあと時間が経って色々なことが少しずつ分かるようになってきましたけれど」

——話は一年前にさかのぼりますが。昭和五十年に團十郎さんのお母様が亡くなられていますね。

「そうなんです。十一月二十四日。そのあと主人と出会っていますから、お会いしたことがないんです」

——そうしますと、お母様から市川家のことを教わるということは全くなかった。

「はい、そうです」

京都からトンボ帰り

――五十一年に結婚されて、五十二年十二月に長男の海老蔵さん、五十四年五月には長女のぼたんさんが誕生します。團十郎さんは海老蔵さん誕生の歓びを「家元探訪」の中で語っています。京都・南座に出演中で、喜びのあまり友人と祇園に繰り出し騒いで、東京の奥様の元に駆けつけたと。

「南座の顔見世に出ているときで、いつ生まれるか分からないので私は東京にいました。本当は十二月の二十日が予定日でしたが早まり六日に生まれたんです。東京から電話があって、楽屋の鏡台に昔からの番頭さんが、男の子が生まれましたよと書いて置いたそうです。そしたら喜んでドンチャン騒ぎをしたらしいんです。（尾上）辰之助さんと（中村）梅玉さんと三人のトリプルキャストで『かさね』に出ていました。その次の日、突然帰ってきてくれました。うれしかったですね。子供の顔を見たらトンボ帰り。『よく頑張ったね』のようなことを言ってくれました」

――今では市川流の舞踊家として活躍しているぼたんさんのときは。

「ぼたんのときは陣痛が起きそうだというと、主人が車で送ってくれて、芝居があるから主人だけ帰ったんです。生まれたあと、『今度は女の子よ』と言うと、息子の時と同じように喜んでくれました」

――團十郎さんは、海老蔵さんやぼたんさんと、どのように接していましたか。

「若い頃は地方公演も多く、なかなか子供と遊ぶ時間がとれなかったのですが、お休みの時は、ときどき蓼科へ連れて行き、探検ごっこをしたり、家の中でも上手に遊んでくれるんですよ。宝探しのようなことをしていました。それを子供たちが大好きで喜んでいました」

――海老蔵さんの将来についてはどんな話を。

「息子が言うには、五、六歳のころ、二人で公園に行って、『お前は歌舞伎役者になるか』と聞かれて、『うん、なる』と答えたので、そのまま歌舞伎俳優になったそうです。」

――團十郎さんが奥様と海老蔵さんの将来について話し合ったことは。

「いえ、主人に任せていました」

――ほかの仕事に就きたいと言った場合は。

「それは本人の意思に任せると主人は言っていました」

——海老蔵さん、子役時代は新之助さんですが、舞台に出るときはどなたが決めるのですか。

「うちは主人が子供のときからそうだったようですが、例えば『寺子屋』の菅秀才の役があるとしますと、主人が私にそれを伝えます。すると今度はそれを私が息子に伝えます。そして、『お父さん、菅秀才のお役があるそうですが、どうぞよろしくお願いします』と言いなさいと。主人は、自分から言わせることが大事なんだと、私に話していました」

——昭和六十年の團十郎襲名と同時に新之助を襲名しました。その時の「外郎売」の貴甘坊から拝見しています。

「あれは台詞が多くて大変で、私も覚えて、学校の行き帰りのバス停まで送る間に覚えさせました」

——ぼたんさんは子供のころから日本舞踊の道に進んだのですか。

「父（十一代目團十郎）の追善興行で海老蔵（当時新之助）が『鏡獅子』を踊った時、胡蝶役で出演しました。最初は嫌がっていたのですが、二十五日間勤めました。それが転機となって、だんだん踊りが好きになっていったようですね。今、踊りが楽しくてしょうがないんじゃないですか」

ついに團十郎襲名

——結婚して九年目の昭和六十年、夫の十代目市川海老蔵さんが江戸歌舞伎を象徴する大名跡、市川團十郎を十二代目として襲名しました。歌舞伎座で四月から三か月連続上演された襲名披露興行は歌舞伎ブームを巻き起こしました。しかし、團十郎さんは「家元探訪」によると当初、襲名をためらっていたそうですね。

「襲名はすごく早い段階でお話をいただきました。ある日、近所にお住まいだった松竹の永山武臣さん（後の会長）が浴衣を着た気楽な姿で突然お見えになって。襲名の五年ぐらい前ですね。主人が『お受けします』とお返事したのは、それから何年かしてからです」

——当初ためらった理由を聞いていますか。

「諸先輩の了解を得なければいけないことですし、それなりの年齢かどうかということもあります。團十郎になるということが大変なプレッシャーになっていた時期があったように思います。そういうことはあまり口に出さないのですが、そう感じたことは何度かありますね。一方でお世話になった前田青邨先生やお仲人をしてくださった萩原吉太郎さん（北海道炭鉱汽船会長）、高麗屋のおじさま（初代松本白鸚）、親代わりのようにお世話してくださった松緑おじさま（二代目尾上松緑）、成駒屋さん（六代目中村歌右衛門）、中村屋さん（十七代目中村勘三郎）、皆さんがお元気なうちにというつもりもあったようです」

――それがある日突然トンネルを抜けるように決心したと「家元探訪」で話していますが。その日をご存知ですか。

「いえ、それは分かりませんが、行動に移したときだと思います」

――襲名となると奥様も忙しくなりますね。

「どうしていいか分からないので昔からのお弟子さんや番頭さんに教わりながら右往左往していました」

——同時に海老蔵さんが新之助の名前で初舞台を踏みました。

「子供を舞台に立たせるのがどんなに大変なことなのかも想像できなかったですし、一人で行動しなければならないこともありました。主人の名代としてのあいさつ回りとか、展覧会やお練り、後援会、パーティーなどの行事がありましても、主人と違うことをしなければならない。いろんな行事の下準備をしなければいけないんです。襲名興行の三か月は大変でしたね」

——襲名後、團十郎さんは変わりましたか。

「まったく変わりません。ただ、襲名後は芝居の勉強をよくしていましたね」

伝承は平等に

——歌舞伎の舞台についてお話しされることがありましたか。

「私は専門家ではないので分からないのですが、『どんな風に思った？』と初日の舞台が終わったあと、夕食の時に必ず聞かれましたね」

――聞かれると。

「自分の素人なりの感じ方は話していました。そうすると主人は、こうだからこうだよ、と全部説明してくれるんです。それでも私の受ける感覚と違うことはありましたけど」

――芝居で苦労されている様子は。

「先輩方に教わったものを自分のものにするのは大変だったようです。自分のものにしたら次の世代に伝えていくという思いはあったようです」

――海老蔵さんに伝えていくのですね。

「息子だけじゃなく、ほかの方も聞きにいらっしゃる。そういうときは、主人は皆さんに教える。平等にしていたようです」

――「家元探訪」の中で、海老蔵さんに出ていけと叱ったら出て行ったので困ったと話していました。

「そうそう。そのときは主人も困っていました。たしか次の日が初日だったと思います。ハラハラしたのですが、帰ってきました」

新婚旅行で気が付いた

――ここで團十郎さんの日常についてお聞かせください。昭和五十一年十一月に結婚式を挙げましたね。舞台が続き、引っ越しもあり大忙し。新婚旅行には行きましたか。

「主人の仕事が続いていまして、すぐには行けませんでしたが、次の年の四月にハワイに行きました。ところが私の体調が悪く、オアフ島からハワイ島に行く飛行機の中で寒気がしまして。『毛布を貸してほしい』と主人が拙い英語で頼んでくれたりしました。

――團十郎さん、頑張りました。

「それで病院に行きまして、お腹の中に赤ん坊がいることを初めて知りました。ハワイで分かったのです」

――それが海老蔵さんですね。

「行く前から分かっていれば行かなかったと思います」

――無事でよかったです。

「せっかくのハワイだったんですけれどね。私は気分が悪くてホテルで寝ていることが多かったのですが、二人で星空を眺め、星がとってもきれいだったことを覚えています」

――ロマンチックですね。そういえば、星は團十郎さんの趣味の一つと伺っています。

天体望遠鏡をご一緒に見たりしたことは。

「子供たちがまだ小さいころ、近くの公園に持っていき見せていたようです。私には星の名前を教えてくれました」

――天体といえばアメリカのＮＡＳＡに行ったそうですね。

「ええ、私も同行しました。宇宙飛行士の方とお会いし、お話をしていました。本物のロケットを見て感動していましたね。主人は夢の大きな人でした」

――旅行はほかにどんなところへ。

「海老蔵の襲名の前でしたか、家族四人でイタリアに行きました。ミラノから車で二時間ぐらいのポルトフィーノというところで、入江があって、そこの山の上に素敵なホテルがあるんです」

――これもロマンチックですね。

「ところが主人と私の通された部屋が屋根裏のような小さな部屋で、変だなと思っていたんです。しばらくして子供たちが体調が悪いというので差し入れを持って部屋に行くとすごく大きな部屋で、そちらが本来私たちが泊まる部屋でした」

――おおらかな話ですね。

「そんなこともありましたが、イタリアのお料理がおいしく、景色もよくて、とっても楽しい旅行でした」

――お二人での旅行は。

「二人で旅行はほとんどないですね。家族では何度か夏に蓼科に行っています」

――團十郎さんはそこでどんなことを。

「お友達とゴルフをしていました。買い物にもよく行ってくれ、草むしりも熱心にやってくれました」

――草むしりですか。まめなんですね。

ナナはゴールデン三代目

――いただいたご夫妻の写真にゴールデン・レトリバーがかわいくお座りしていました。

「ナナですね。ゴールデンの三代目です。初代はクリスと言いまして、息子が面倒はぼくが見るから、どうしても飼ってほしいということで」

――いずこも同じですね。

「二代目がメーテル。三代目がナナちゃんで十二歳です」

――團十郎さんは犬の世話とか散歩はいかがでしたか。

「犬が好きで子供のころから飼っていたようです。二代目のときは、鼻にビスケットを乗せてハイと声をかけると、うまくそれを動かして食べる芸を仕込んでいました。ナナはそういうことはしませんが、よく主人になついて、食事のときは主人のヒザにアゴを乗せている。うまく手なずけていました。目を離すと何か小さい食べ物を与えているんです。散歩は私がしていましたけれど、主人は犬が大好きでした」

声量たっぷりに

――歌うことはいかがでしたか。

「カラオケに行くと歌いますよ。声量がありました」

――どんな歌を歌うのですか。

「逃げた女房には、とか何とかいうのがありますでしょ」

――「浪曲子守歌」ですよ。お茶目ですね。

「『無法松の一生』とか、台詞の入ったものを歌っていました。あと『ブルーシャトー』が好きでした。二人で歌うときは『三年目の浮気』でしたね。けんかのふりをして」

コンソメスープにマグロのにぎり

――團十郎さんは結婚前に奥様から料理を教わったとうかがいました。その後はいかがですか。

「若いころはお肉を買ってきて卵の殻などを入れて一晩かけて煮ていました。コンソメスープを作ると言いまして。一晩見張っていました」

――お味の方は。

「まあまあ、おいしかったですね」

――ほかに何か。

「マグロの塊をいただくと、それを下ろしてサクにしてくれます」

――そんなことが出来たのですか。

「ご飯を酢でしめて、お寿司を握って皆に食べさせる。本人がマグロ大好きですから。マグロをお刺身にしてお正月のお膳に出すのは主人の役目でした。お正月はあいさつ回りなどで忙しいので握ることは出来ませんけれど」

――團十郎寿司、おいしそうですね。

「タイをいただくとエラとか全部取って、三枚におろしてお刺身にしてくれました」

――ウロコはどうするんですか。

「包丁の背で取ったり、ペットボトルのキャップで取ったりしていました。頭は半分にして骨蒸しにするのが主人は大好きなんですが、これは私がやります。頭に塩をしてお酒をかけて蒸すのです」

――奥様の作ったお料理で好きなものは。

「ビーフシチューなど好きでしたね。それと、先ほどお話したお魚の骨蒸し。これは私がお寿司屋さんで習ったものです。あと、ハマグリと豆腐のお鍋。シンプルで、あまり手をかけない物が好きだと言っていました」

――奥様はお料理が好きなんですね。

「嫌いじゃないんです。忙しくなると、料理しようかなと思う。家で自分で何か作ろうと思うんですよ」

――忙しいときとはどういうときですか。團十郎さんが忙しいときですか。

「ええ、主人が忙しくなると、私も忙しい。身の回りのことを全部しなければなりませんから。そうなると、何かちょっと作ろうかなと。気分が変わるんです」

――なるほど。「成田屋の食卓」という本も書いていますが、内容は。

「ごまあえだったり、おひたしだったり。簡単に出来るもの。きんぴらやひじきの煮物とかのお惣菜です。家庭料理ですね」

ああだこうだ言わない

――昭和六十年五月の歌舞伎座・市川團十郎襲名披露公演で七代目市川新之助を名乗り初舞台を踏んだご長男が、平成十六年五月に十一代目市川海老蔵を襲名しました。すでにテレビの大河ドラマで主役を経験する人気スターでした。

「この時は主人が陣頭指揮を執って。皆さんのお陰で襲名を終え、フランス公演もさせていただきました」

――襲名してから海老蔵さんは変わりましたか。

「芝居に熱心に取り組んでいました。どこまでやるのかな、と主人も私も見ていました。主人はあまり口を出さないんですよ。役のことで教えたりするとき以外は。ああだこうだ言わないようでした。息子に自分でやらせようとしていたと思います」

海老蔵襲名途中で

――襲名公演で團十郎さんが倒れられて大変でしたね。

「白血病と分からないで初日を迎えたのですが、どんどん体調が悪くなる。ちょっとぶつかるとアザになる。それで病院に行きました。娘と病院からタクシーで帰り、家に着く直前です。病院から電話がありまして、『奥様、病院に戻ってください』と言われました。夜の十二時ごろです。何だろうと思って戻ると、主人が横になっている病室で、お医者様から白血病ですと言われ、びっくりしました。もうだめなんだ、と思ってしまいました。主人は天井の一点を見つめたまま、じっと黙っていました。私はこれ以上ないほどのショックを受けました。でも、襲名公演をしている息子が帰って来る。入院することになった主人を残して家に帰りました」

——お辛いことだったと思います。

「娘と一緒に帰ってきて、崩れるように泣きました。息子も、きっと寝られなかったと思います」

——それから團十郎さんの闘病を目の当たりに見てこられた。

「血液を入れ替える治療をしたときは、明かりがダメというのでカーテンを閉めて暗くし、ただテレビだけついていました。飲まず食わずで、何も話さない。常にムカムカし難破船でさまよっているようだったと、後で話していました。一週間くらいして、少しずつ水を飲み始め、元気になっていきました」

——本当に厳しい闘病だったのですね。

「よくなるための治療ですが、苦しかったと思います」

主人を勇気づけたい

――話は少し戻ります。團十郎さんが、最初に倒れたのは十六年ですね。

「結局、闘病十年ですよ。最初に倒れた年、十六年の十月にフランス公演に行くのですが、その時は寛解の状態でした。完全に治ってはいないのですが。寛解になると、医師に相談するというより、主人がもう決めていました。『僕は行くんだ』と。私も海老蔵も娘も皆反対したんですよ。でも『絶対に行く』と変えなかった。それでシャイヨー宮の公演を済ませ、主人の体調を考えて、イタリアの温泉地を回って帰国しました」

――翌年に再発します。

「次の年の八月に再発したんです。その時一人で血液検査に行きましたが、帰って来ると上の部屋でうなだれている。『どうしたの』と聞くと、『再発したみたい』と言う。すごくがっかりしていました。毎月検査していましたが、その時はたまたま主人1人だったのです。それからは毎回私も付いて行きました。1人じゃ、やるせないだろうと思って。滅入ってしまうでしょうから。勇気付けられると思って、どんなことがあっても必ず」

やっぱり歌舞伎俳優

――それから入退院を繰り返したのですね。

「最終的にはやっぱり歌舞伎役者なんですよね。舞台に立ちたいという思いが強い。最後の舞台は皆反対したんです」

――平成二十四年十二月の京都・南座の顔見世ですね。

「自分が出なきゃと思ったんだと思います。反対しても言うことを聞かない。舞台に立ちたいのも分かります。だけど、私たちはそこで、行かないでと止めようと思ったのです。しかし、『僕は行くんだ』と言って、願いを聞いてくれませんでした。結局、京都のお医者さまを紹介していただいて南座に行きました。京都では三日おきぐらいに輸血しながら舞台に立ったんですよ。そうしながら、どんどん悪くなって、途中で降板しました。

――あれこれ伺いましたが、五年祭を迎えた今、お感じになることは。

「主人が亡くなって、辛いと思ったり持ち直したり、浮き沈みがたくさんありました。周りの方が気を使って楽しませてくださっても、その後、ズドンと落ち込む。五年経ってそれがパーッとなくなった。何かにつけ主人と相談していたのに、その相手がいなくなって、どうしていいか分からないことがいっぱいありました。今でもわからないことはたくさんありますが、前向きに生きられるようになり、少し楽になってきました。主人がいると、『それはやりすぎだよ』とか言ってくれました。そういう人がいなくなり寂しかったんですよ、きっと」

——團十郎さんが平成二十五年に亡くなられました。四年後の二十九年には海老蔵さんの奥様。悲しいことが続きました。

「これからいろいろ学んで、息子のことを見てあげてほしかった。本当に残念に思えてなりません」

手助けしたい

――これからなさりたいことは。

「手伝ってくれなくてもいい、と言うかもしれませんが、海老蔵のことを手伝ってあげたい。二人の孫のこと、ぼたんのことも。出来ることは手伝ってあげたい」

――海老蔵さんの手助けをするといいますと。

「いろいろなごあいさつですね。誰かがしなければ」

――そういえば團十郎さんは勸玄くんを見ずに亡くなられました。

「あと二か月でした。でも、名前はもう決まっていたんですよ」

――麗禾ちゃんはご存知ですね。

「かわいくてかわいくてしようがないんですが、あやすと泣かれる。ピーターパンのワニになって見せた時は、もう大騒ぎ」

――ワニは恐がりますよ。でも、いいおじいちゃんになろうと頑張ったんですね。

伝統の着物に

——着物のデザインをしていますね。

「着物と花嫁衣装のデザインは続けたい。着物がないと日本人として寂しいでしょ。着物の職人さんも高齢化して少なくなっています。最初に主人に相談したら『歌舞伎のためにもなる。いいんじゃないの』と勧められましたし、伝統のためにも何とか続けたいと思います」

——ありがとうございました。

第三章　多彩に輝く成田屋

（一）

十二代目市川團十郎は江戸歌舞伎を象徴する市川宗家であるとともに日本舞踊市川流の宗家であり、俳優として歌舞伎以外の舞台にも取り組み、テレビドラマにも出演した。一方で、歌舞伎の普及を願い教壇に立ち、子供歌舞伎を指導。また、骨髄バンク運動にも協力した。数々の業績をたどる。（敬称略）

［**歌舞伎**］

❖初舞台

昭和二十八年十月

劇場：歌舞伎座

演目：大徳寺

役名：織田三法師

羽柴秀吉を勤める父・九代目市川海老蔵（十一代目市川團十郎）に抱かれ、市川夏雄を名乗り初舞台を踏む。

❖三之助ブーム
昭和三十三年五月
劇場：歌舞伎座
演目：風薫鞍馬彩
役名：牛若丸
六代目市川新之助を襲名する。
後に、尾上菊之助（七代目尾上菊五郎）、尾上辰之助（三代目尾上松緑）の人気若手役者三人で三之助ブームを巻き起こす。

❖荒磯会で研鑽
○昭和三十八年七月
劇場：砂防会館
演目：勧進帳
役名：武蔵坊弁慶

○昭和四十年七月
劇場：三越劇場
演目：鏡獅子
役名：弥生と獅子の精

○昭和四十一年七月
劇場：三越劇場
演目：与話情浮名横櫛
役名：与三郎

○昭和四十二年八月
劇場：国立小劇場
演目：櫓太鼓成田仇討
役名：桂川力蔵、不動明王

演目：本朝廿四孝・奥庭
役名：八重垣姫

○昭和四十三年八月
劇場：国立小劇場
演目：船弁慶
役名：静御前と知盛
演目：鳴神
役名：鳴神上人

○昭和四十五年八月
劇場：国立小劇場
演目：実盛物語
役名：実盛

演目：雪暮夜入谷畦道
役名：直次郎

○昭和四十八年八月
劇場：国立小劇場
演目：忠臣蔵五、六段目
役名：勘平
演目：景清
役名：景清
十代から二十代にかけて自主公演荒磯会を開き、お家芸である十八番物や父の当たり役を勉強した。これが團十郎の演技の基礎になったのではないか。

❖海老蔵を襲名
昭和四十四年十一月

劇場：歌舞伎座
十代目市川海老蔵襲名公演
演目：助六由縁江戸桜
役名：助六
演目：勧進帳
役名：富樫

❖社会現象、團十郎襲名
昭和六十年四〜六月
劇場：歌舞伎座
演目：勧進帳
役名：武蔵坊弁慶
演目：外郎売
役名：外郎売

演目：暫
役名：鎌倉権五郎
三か月にわたる披露公演には中村歌右衛門（六代目）、尾上松緑（二代目）、尾上梅幸（七代目）、中村勘三郎（十七代目）、片岡仁左衛門（十三代目）ら戦後歌舞伎を支えた名優が顔を揃え、この襲名に端を発する歌舞伎ブームはその後、長く続いた。

❖海外公演にも積極的

○昭和五十七年六、七月
アメリカ公演
演目：鳴神
役名：鳴神上人
演目：将門
役名：光圀

○昭和六十年七、八月
アメリカ公演
演目：暫
役名：鎌倉権五郎
演目：土蜘
役名：頼光
（團十郎襲名の一環。海外で初の襲名公演。「口上」も披露する）

○昭和六十三年七、八月
オーストラリア公演
演目：連獅子
役名：親獅子

○平成元年十月

ベルギー・東ドイツ・オーストリア公演
演目：棒しばり
役名：次郎冠者
演目：熊谷陣屋
役名：熊谷

○平成十六年十月
フランス（パリ・シャイヨー宮）公演
十一代目市川海老蔵襲名
演目：鳥辺山心中
役名：坂田市之助
○平成十九年三月
パリ（オペラ座）公演
演目：勧進帳

役名：弁慶・富樫
（松竹大歌舞伎公演。この年、フランス芸術文化勲章コマンドゥール受章）

○平成二十一年九月
モナコ公演
演目：鳴神
役名：鳴神上人
（松竹大歌舞伎で）

❖成田山新勝寺ゆかりの公演

○昭和五十八年三月
劇場：国立劇場
成田山勧進歌舞伎
演目：鏡獅子

役名：弥生と獅子の精
演目：那智滝祈誓文覚
役名：盛遠後の文覚上人、不動明王

○昭和六十三年八月
劇場：国立劇場
演目：坂東修羅縁起譚
成田山開基千五十年祭記念
役名：将門
演目：連獅子
役名：親獅子

○平成四年八月
劇場：歌舞伎座

興教大師八百五十年御遠忌記念
　演目：成田山分身不動
　役名：不動明王

○平成十年八月
　劇場：歌舞伎座
成田山開基千六十年開山寛朝大僧正千年御遠忌記念
　演目：鶴賀松千歳泰平　上意討ち
　役名：笹原伊三郎

❖歌舞伎十八番、上演に使命感
　平成二十一年一月　国立劇場で十八番物「象引」に出演。

市川家のお家芸である歌舞伎十八番の復活上演に若年より情熱を傾けた。十代で始めた荒磯会で「勧進帳」「鳴神」「景清」を手掛けたほか、「助六」「矢の根」「暫」「押戻」「不動」「毛抜」「外郎売」「解脱」「象引」を勤めている。

「象引」は病気復帰の舞台で国立劇場パンフレットの記事によると、「昨年七月に造血幹細胞移植をしましたので、八月末の経過を医師とも相談して出演が実現しました」と出演実現を歓び、「かねがね上演を望んでいた『象引』を演（や）らせていただくことにしました。引合事は吉兆を占う神事に多く見られ縁起がいいので、復帰の舞台にふさわしいと考えたのです。『暫』の趣向がベースで、松緑（二代目）のおじさんが復活された場割とは変えて一幕にまとめ、象も、錦絵に倣い少し怖い顔に造り変えました。対立する公家の邪悪な心と強力の荒事との力比べで、引き合う象を大きく動かしワイワイと大勢で大騒ぎする大童の感じを出したいですね」と抱負を熱っぽく語っている。

平成二十四年十二月　京都南座「梶原平三誉石切」の梶原平三、「船弁慶」の武蔵坊弁慶に出演中に体調崩し降板。最後の舞台になる。

◇

「那智滝祈誓文覚」や「坂東修羅縁起譚」の演出を手掛けた国立劇場顧問の織田紘二は團十郎について、「歌舞伎十八番では荒磯会の『景清』から拝見していますが、このころから團十郎という役者の大きさが出ていました。後年の『象引』もおおらかな芝居で成功していたと思います。『勧進帳』や『助六』などで江戸の荒事という芸を継承していくことに心を尽くしました。成田山にちなむ作品では『那智滝』はなかなかスケールの大きな舞台でした。海老玉と言われた玉三郎さんとの『桜姫東文章』も印象に残っています。この人の男らしい骨太の演技は得難いものでした」と話す。

◇

（二）

團十郎は歌舞伎以外でも俳優として活躍した。分野別に主な作品を挙げる。

［一般演劇］

❖人気女優との華麗な共演

○昭和四十五年六月
劇場：明治座
演目：江戸の夕映
役名：本田小六
共演：長谷川稀世のお登勢、光本幸子の芸者おりき

○昭和四十八年一月
劇場：日生劇場
演目：春の雪
役名：松枝清顯
共演：綾倉聰子は佐久間良子
（五十四年三月、京都・南座で再演。聰子は酒井和歌子）

○昭和四十九年十一月
劇場：日生劇場
演目：残菊物語
役名：菊之助
共演：若尾文子のお徳
（五十一年六月　名古屋・御園座で、五十五年一月、日生劇場で再演）

○昭和五十一年十月
劇場：日生劇場
演目：十五夜物語
役名：高橋章二郎
共演：若尾文子のお鶴

○昭和五十四年十一月

劇場：名古屋・御園座
演目：絵島生島
役名：生島新五郎
共演：草笛光子の絵島
（五十八年十月、大阪・中座で再演）

○昭和五十八年一月
劇場：新橋演舞場
演目：皇女和の宮
役名：帥の宮
共演：若尾文子が和の宮

○昭和五十九年一月
劇場：新橋演舞場

演目：鹿鳴館物語
役名：弓岡貢
共演：若尾文子の井上武子

○平成二年二月
劇場：新橋演舞場
演目：信長とお市の方
役名：織田信長、浅井長政の二役
共演：二代目水谷八重子のお市
演目：華岡青洲の妻
役名：華岡青洲
共演：杉村春子の於継、坂東玉三郎の加恵

○平成九年三月

劇場：新橋演舞場
演目：華岡青洲の妻
役名：青洲
共演：藤間紫の於継、池内淳子の加恵

❖新派に次々出演
○昭和四十六年十月
劇場：新橋演舞場
演目：滝口入道の恋
役名：時頼
演目：明治一代女
役名：巳之吉
共演：初代水谷八重子がお梅
演目：女人武蔵

役名：豊臣秀次
以後、新派では概ね二代目水谷八重子、波乃久里子らが共演

○昭和五十四年十二月
劇場：明治座
演目：春の炎
役名：醍醐春行

○昭和五十六年八月
劇場：歌舞伎座
花柳章太郎十七回忌、初代水谷八重子三回忌追善
演目：近松物語
役名：茂兵衛
演目：湯島境内

役名：早瀬主税
演目：滝の白糸
役名：村越欣弥

○平成五年十一月
劇場：新橋演舞場
三世市川翠扇十五年祭
演目：女剣劇協奏曲
役名：映画スター
演目：仮名屋小梅
役名：男衆兼吉

○平成九年八月
劇場：大阪松竹座

二代目水谷八重子襲名
演目：鶴八鶴次郎
役名：鶴次郎
演目：仮名屋小梅
役名：男衆兼吉

○平成十一年四月
劇場：三越劇場
演目：日本橋
役名：葛木晋三

○平成十三年四月
劇場：国立劇場
演目：婦系図
役名：早瀬主税

○平成二十年六月
劇場：新橋演舞場
演目：鹿鳴館
役名：影山伯爵

❖一万人コンサート
平成十一年四月二十九日　両国国技館。TEPCO一万人コンサート「眠り王」の月の大王実は日本の帝。「竹取物語」を素材に、なかにし礼が作・作詩・演出・芸術総監督。多くのアマチュア合唱団が参加した。大規模な異色公演。十三年四月、両国国技館、十四年四月と十六年二月には日本武道館で再演した。

（三）

團十郎は映像の世界にも足跡を残した。

［映画］

❖父子共演が遺作に

○昭和四十九年六月公開

題名：流れの譜

監督：貞永方久

役名：菅原忠礼

共演：笠智衆が菅原弥七郎、田村高広の菅原忠一郎

○平成二十五年十二月公開

題名：利休にたずねよ

監督：田中光敏

役名：千利休の師・武野紹鷗

長男・海老蔵が利休。父子共演だが、團十郎の死後公開された。作品はモントリオール世界映画祭で最優秀芸術貢献賞受賞。

［テレビドラマ］

❖連続ドラマ出演、主役も

○昭和四十二年一月～五月
系列：日本テレビ
題名：若さま侍捕物帖
役名：若さま
共演：御影京子、坂東吉弥

○昭和四十二年六月～十月
系列：日本テレビ
題名：遠山の金さん
役名：遠山金四郎
共演：御影京子、市川翠扇

○昭和四十五年二月～四月
系列：フジテレビ
題名：春の雪
役名：松枝清顕
共演：吉永小百合

○昭和五十年十月～翌年三月
系列：フジテレビ
題名：宮本武蔵
役名：宮本武蔵
共演：小林由枝、目黒祐樹

○昭和五十四年五月～九月
系列：フジテレビ

題名：午後の恋人
役名：樋口浩之
共演：若尾文子、高橋昌也

○平成六年
系列：ＮＨＫ
題名：大河ドラマ「花の乱」
役名：足利義政
共演：三田佳子、京マチ子

❖単発では水戸光圀など
○昭和四十一年十一月
系列：フジテレビ
題名：築山殿始末

役名：徳川信康
共演：二代目尾上松緑、山田五十鈴

○昭和四十八年二月
系列：テレビ朝日
題名：月形半平太
役名：月形半平太
共演：初代松本白鸚、松本留美、竹下恵子

○昭和六十年三月
系列：日本テレビ
題名：襲名記念ドラマ「花道は炎のごとく」
役名：初代團十郎
共演：市村羽左衛門、中村富十郎、淡島千景、若尾文子

○平成四年一月
系列：テレビ東京
題名：天下の副将軍水戸光圀
役名：水戸光圀
共演：桜田淳子、池内淳子

○平成九年一月
系列：テレビ東京
題名：炎の奉行大岡越前守
役名：大岡忠相
共演：市川新之助（当時）、中村勘九郎（五代目）、村上弘明、黒木瞳

○平成十二年十二月
系列：テレビ朝日

題名：仲蔵狂乱
役名：仲蔵
共演：市川新之助（当時）、栗原小巻

○平成二十年十二月
系列：ＴＢＳ
題名：あの戦争は何だったのか～日米開戦と東条英機
役名：山本五十六
共演：ビートたけし、野村萬斎

◇

團十郎は歌舞伎十八番の弁慶や助六を当たり役とする歌舞伎俳優であるが、一般演劇、映画、テレビドラマにも主要な役柄でしばしば登場、俳優としての守備範囲は広かった。ここでは主な出演作だけを取り上げたが、その活躍ぶりには驚かされる。

若き日、すなわち新之助、海老蔵時代は女優との共演も多かった。それを象徴するのは三島文学に挑戦した「春の雪」。貴族社会を背景にした貴公子と令嬢の悲しい恋の物語である。テレビでは吉永小百合、舞台では佐久間良子、酒井和歌子という人気女優と共演を果たしている。

女性の役は女形が勤める歌舞伎の世界にあって、演技の勉強になったはずだ。「家元探訪」で「女優さん相手ならこうなるということが理解できたので、歌舞伎での女形さんとのやり取りも分かるようになったんではないでしょうか」と語っている。

それが歌舞伎だけでなく、後年の一般舞台、「華岡青洲の妻」の青洲や「鹿鳴館」の影山伯爵の男っぽい演技につながったのではないか。

活動を映像に絞ると映画の仕事は少ない。これは時代の趨勢であろう。しかし、テレビドラマでは華々しい活躍をした。「若さま侍捕物帖」で連続ドラマ初主演を果たしたのは弱冠二十歳の時だった。昭和四十二年一月十二日の読売新聞の広告を見ると、團十郎（当時新之助）は少年期を脱したばかりの初々しい若さま姿で刀を構えている。テレビ待望の登場であることを謳っている。同日朝刊の紹介記事によるとゲスト出演は加賀まりこ、入江若葉という顔ぶれだ。

そのシリーズが終わるや否や、直ちに「遠山の金さん」がスタート。6月8日の同紙夕刊の広告では、新之助（当時）扮する青年金さんが片肌脱いでお白洲をぐっと睨みつけている。

十九歳で父・十一代目市川團十郎を失い、市川家を支えるため、歌舞伎にテレビに女優との舞台にと奔走した。苦労が偲ばれる二十代であるが、その苦労を乗り越えてこそ十二代目團十郎襲名の成功があったと考えると感慨深いものがある。

（四）

團十郎は歌舞伎俳優であると共に、日本舞踊市川流の宗家を務める舞踊家でもあった。

［日本舞踊］

❖市川流の舞踊会

○平成二年八月

劇場：国立小劇場
演目：松の翁
役名：立方
演目：紅葉狩
役名：更科姫

○平成十八年八月
劇場：国立劇場
市川流舞踊会、市川ぼたん御披露目で二日間公演。
演目：京人形
役名：甚五郎
演目：景清
役名：景清
演目：鏡獅子

役名：家老
○平成二十四年八月
劇場：国立能楽堂
市川流リサイタル
一門総出の会ではなく密度の濃いリサイタル。この時の演目と演者を見てみる。
「松廼寿翁三番叟」は團十郎の翁、妹・市川紅梅の媼、ぼたんの千歳、海老蔵が三番叟。河東節十寸見会御連中も出演した。
「黒谷」は團十郎が熊谷直実出家後の僧・蓮生。ぼたんが無官太夫敦盛、玉織姫、熊谷小次郎直家の三役を踊った。團十郎が三升屋白治の筆名で脚本を書き、紅梅が振り付けをした。
最後の「鷺娘」は海老蔵が鷺の精を踊った。
團十郎は、六年振りとなるこの公演パンフレットで「江戸天保期に『勧進帳』を創った七代目團十郎を源流とし、九代目團十郎が初代家元として興した流派でございます」

と自流を紹介した上で、「そのあと二代目翠扇、三代目翠扇を経て、私が宗家となり、妹の紅梅、長女のぼたんが日々指導、普及に勤めておりますが、市川流のさらなる普及を目指し、今回市川流リサイタルを開催させていただく運びとなりました」とあいさつしている。

二代目翠扇は九代目團十郎の長女であり、三代目は次女の娘で新派女優であった。

そして各演目に簡単な説明を付けている。

「『松廼寿翁三番叟』では成田屋と深いご縁をいただいております河東節十寸見会の皆様の御出演を賜り、厚く御礼申し上げます。あまり上演される機会の少ない演目であり、さらに役柄を変えましたので、いろいろ文献をあたりながら、紅梅が振付をさせていただきました」

「『黒谷』は私が白血病闘病中に脚本を書かせていただきました。三升屋白治という筆名は、白血病が治った、克服した、という心でございます」

「鷺娘」については、「九代目團十郎が明治期に復活した当時に思いを馳せ、海老蔵の初役、ぼたんの初振付という兄妹初の共同作品となります」と説明、「今後、市川流が多くの皆様のお目に留まる機会が増えるよう一同精進努力して参りたいと存じます」と結んでいる。

❖日本舞踊協会の理事

團十郎は日本舞踊の振興を願い、平成十七年から亡くなるまで日本舞踊協会の理事を務めた。

広報・国際交流担当理事で、平成十九年三月第五十回記念日本舞踊協会公演や、同二十一年七月の第一回新作公演「恋するフリ～古今舞踊抄～」など特別な公演の記者会見に出席した。

また、舞踊家として国立小劇場での「恋するフリ～古今舞踊抄～」、平成二十一年二月の国立大劇場で開かれた第五十二回公演「吉原雀」に市川紅梅と共に出演。平成二十四年二月、国立大劇場「道行初音旅」に藤間藤太郎と出演している。

創作舞踊の記者会見に出席、宣伝に力を入れると共に、自ら協会公演に出演した。

◇

ここまで、團十郎の俳優として、あるいは舞踊家としての業績を見てきたが、最後にご本人の生の声を紙面で聞いてみたい。

私がインタビューし、読売新聞の平成三年六月十四日夕刊芸能面に「芸談」のタイトルで執筆した記事である。

歌舞伎十八番の荒事や、それを伝える市川家について聞いている。

『毛抜』で大切なのは洒脱で、とにかく楽しいこと。見得では手足が大地を意識し、足の親指をぐっと上げ、力強さを表現します。しかし、弁慶ではその親指を足の中に入れる。神経が行き届いていなければならないからです」

また、「助六」について「すべて花道からの出に尽きます。花道でかさを隠してぱっと開く。開き方が勝負。そして逆七三で上手桟敷席の二番目ぐらいを見るんです。げたの音も気にします。げたの木と花道の木で滑るので、げたを湿して出る方もいますが、親父（先代團十郎）も湿らせなかった。乾いているのでおっかないですよ。そこがまたこの芝居の勝負どころ。花道でカツカツと乾いた音で軽快に出ると、お客さんはおっ来たなと思ってくれるんです」と語る。

継承についてはこう言う。

「親父のイメージでやろうとしてきましたが、四十ぐらいになって自分は自分なりにやりたいと思うようになりました」

そして、こう締めくくる。

「色々な方がおやりになっていますが、私は人を超えた雰囲気を出したい。荒事は元来、宗教的超人的なところが土台にありますから。市川家として荒事の伝統を守ると言うより挑戦すると言う考えでやっています」

伝統に挑戦——この人らしい言葉である。

（五）

團十郎はしばしば大学の教壇に立っている。主に白血病を発病してからである。歌舞伎を若い世代に伝えたいとの思いであったのだろう。

［大学講座］

❖青山学院大学

平成十九年九月に青山学院大学文学部の日本文学科の客員教授として「歌舞伎の伝統と美学」をテーマに集中講義を行った。青山学院は小学、中学、高校時代に通ったゆかりの学校である。

その講義の内容を「團十郎の歌舞伎案内」にまとめ、ＰＨＰ研究所から出版している。本は新書版二百三十頁ほどで、第一幕「團十郎でたどる歌舞伎の歴史」、第二幕「歌舞伎ができるまで」、第三幕「役者から見た歌舞伎の名作ウラ話」の三幕仕立て。手軽に読めるうえ、團十郎の人柄が浮かび上がる良書なので、要旨を紹介する。

例えば、荒事は荒唐無稽とする意見に対しての反論。実は綿密に計算されていると、自ら復活した「成田山分身不動」を例に挙げ説明している。千両役者と呼ばれてもそれほど金持ちではないことも述べている。

また、歌舞伎十八番については、十八という数字が仏教で願掛けに使われるよい数字だからではないかと推測している。数字が先にあったため、「押戻」のように一演目として数えにくいものもあると言う。團十郎の誠実な性格がよく分かる解釈だ。

「役者から見た歌舞伎の名作ウラ話」では、「勧進帳」について興味深いことを語っている。

安宅関の関守・富樫は、いつ強力が義経であることに気が付いたか。これほど立派な人物(弁慶)が側にいるということはただ者であるわけがない、と最初から気づいていた。こう解釈しているのだ。従って、その後の「呼び止め」も家来に言われたから仕方なく呼び止めたとする。

このほか、父・十一代目團十郎が大阪新歌舞伎座で「直侍」を演じたとき、蕎麦が伸び切ってカッコよく呑み込めないことに怒ったエピソードは面白い。

「おしまいに」で、生い立ちから歌舞伎役者になることを決心した高校一年生のときのことなどを語っている。そして、人と猿のＤＮＡがあまり変わらないことを例に挙げ、改革したつもりでも長い目で見れば大差はないと大局的な見方を披露。ケレンに苦言を呈し、歌舞伎を欲張らない芸能であってほしいという。

一方、天体観測を趣味とし、アメリカのＮＡＳＡに行きロケットを見たという。アポロ計画の大胆さは荒事を創始した初代團十郎に通じるのではないかと論じている。日本人の持つ文化のＤＮＡが宇宙につながってほしいと述べる。

ロマンチックで、かつ興味深い話に満ちて楽しい講座であったのではないかと想像される。

平成十九年九月に同学日本文学科シンポジウムが「歌舞伎の毒と悪をめぐって」をテーマに開かれ、團十郎は当時の同大学長・武藤元昭と対談した。武藤は「團十郎さんが自由奔放に話を展開し、元に戻すのが大変だった記憶がある」と振り返る。團十郎が闊達に話し、楽しい対談であったと思われる。

❖早稲田大学

平成二十三年九月から十一月演劇博物館で企画展「七代目市川團十郎展—生誕

二百二十年によせて―」を開いた。

この企画展に合わせて、早稲田大学特命教授であった團十郎は大隈講堂で「七代目團十郎の芸と波乱万丈の生涯」について講演した。

歌舞伎十八番を制定したことや芸域が広かったことを語った。豊国が描いた弁慶の錦絵の足の動きなども説明した。

翌平成二十四年には十月から十二月にかけて企画展「八代目市川團十郎展」

ここでは門外不出の市川家の収蔵資料や学会未知の書簡類等を館蔵資料と共に展示した。

また十月に関連演劇講座「花の役者　八代目市川團十郎の魅力」が開かれた。

團十郎はこの企画展の図録にあいさつ文を寄せている。

前年の企画展について「市川家の流れを継ぐ者として誠にありがたく思います」と謝辞を述べ、この年の八代目團十郎展については、「嬉しいのと同時に興味津々です」と記している。

そして、八代目團十郎について「父七代目、その時は海老蔵でしたが、八代目にとっては父であり師匠でもあります。役者同士であり、親子でもある関係は複雑な思いがあったでしょう。また、家庭環境も豪放な父の下で異母兄弟が同居していたり、興行主がそれぞれの思惑で動くなかで市川家の当主という立場で物事をまとめて行く心労は並大抵のことではなかったと思います」と書いている。

七代目團十郎展では早稲田大学演劇博物館の助手として、八代目團十郎展では同博物館招聘研究員として企画に当たり、講演会では聞き手を務めた木村涼は、平成二十五年二月二十五日付け読売新聞夕刊に心のこもった追悼文を寄稿している。その一部を紹介する。

「團十郎丈との交流は江戸時代後期に活躍した歌舞伎役者、七代目團十郎・八代目團十郎に関する論文を私が書いたことから始まった。それは私がまだ大学院生のころにさかのぼる。２００６年９月に初めて自筆の書状を頂戴した。学会誌に掲載した論文を読んでの感想が丁寧につづられていた。ご多忙を極める團十郎丈が親子ほど年齢の離れた私にわざわざ書いてくださったのだ。それも一度だけではなかった。もちろん嬉しかったし、ありがたく感激も大きかった」

「演劇講座の講師をお願いした。するとすぐに快諾下さった。講座が始まると團十郎丈の話術に会場は熱気に包まれ、あっという間に時間が過ぎた」

「また来年もやりましょうと温かい言葉をかけてくださった。その時の笑顔が強く心に残っている。そして、『木村さん』と明るく呼びかけて下さる声が今も聞こえてくるようだ」と記している。

團十郎の優しい心根の伝わる一文である。

❖金沢学院大学

團十郎は、平成三年と四年に金沢市の金沢女子大学（現・金沢学院大学）で客員教授を勤めている。

三年七月は「歌舞伎入門」、同十月は「歌舞伎入門第二話」の講座名で講義した。いずれも会場は金沢女子大学・短期大学講堂。

平成三年七月十二日付けの報知新聞によると、四百五十人の学生を前に歌舞伎の持つ意味や歴史、西洋との比較などを二時間講義した。特に、性格の異なる役柄の顔を作る化粧の方法などが注目された。学生の反応は大変好評だったことを伝えている。

團十郎の初講義の緊張ぶりや、教壇に立つことへの意欲も報じている。

四年六月は、金沢市文化ホールで公開教養講座「歌舞伎入門」を開いた。

同年六月十三日付けの北國新聞は「鶴屋南北と河竹默阿弥」をテーマに語る團十郎を伝えている。


金沢学院大学名誉学長で歌舞伎作者でもある石田寛人は平成二十五年二月七日付け北國新聞に團十郎への追悼文を寄せ、「平成三年から二年間、團十郎丈は、極めてご多用な中、金沢学院大の前身金沢女子大の客員教授を引き受けられ、歌舞伎の本質を講義されて、学生たちに深い感銘を与えられた」と謝意を記したほか、「『歌舞伎のまち小松を考える会』でも、絶えず歌舞伎の音がする町を目指してほしいと誠に適切なご指摘をいただいた。小松では、今年の五月に、こまつ曳山交流館『みよっさ』が完成する予定で、團十郎丈のご指摘の方向に歩み出していただけに、ご逝去は返す返すも残念である」と惜しんでいる。

（六）

團十郎は、石川県小松市や名古屋市で歌舞伎を指導、両市と深い絆に結ばれた。

［普及活動］

❖小松の子供歌舞伎指導

昭和六十二年七月に「勧進帳小松・八百年祭」に小松市公会堂で「勧進帳」を上演した。團十郎はその前年に小松市公会堂や安宅の関を視察した。

上演前の六十二年四月には小松の曳山子供歌舞伎を演技指導。この後、平成二十四年まで、しばしば同市を訪れ、小学校や中学校で「勧進帳」を指導した。

「勧進帳」上演前後に見せた團十郎の同市への熱い思い入れが縁となり、昭和六十三年には地元後援会、成松会が発足する。成松は成田屋の成と小松市の松を合わせたものであることは言うまでもない。

平成十二年には、「全国子供歌舞伎フェスティバルin小松実行委員会」の特別顧問に就任している。

❖劇場うららの設計アドバイザー

平成十四年三月、「勧進帳」上演校の国府中学校の卒業式に出席。この日に公会堂で「歌舞伎に親しむ市民フォーラム」に講演、演技指導もした。

平成十六年四月、石川県こまつ芸術劇場うららの柿落とし公演が開かれ、團十郎はこの公演で「寿式三番叟」を踊り、「勧進帳」の弁慶を演じた。

うららは客席八百五十一席で花道や桟敷席のある中劇場。團十郎はこの劇場の設計アドバイザーを務め、前年に現場視察、運営委員会の顧問に就任している。

團十郎の死後、様々な催しが開かれた。

平成二十五年二月五日から十一日までうららで、追悼記帳所が設けられ、追悼写真展が開かれた。記帳者は七日間で六百五十一人だった。

❖小松市長が市議会で追悼

小松市長・和田愼司が平成二十五年二月二十五日に開かれた市議会で追悼の辞を述べた。会議録を紹介する。

「去る二月三日、歌舞伎界を代表する大名跡を継がれ、伝統的な荒事を国内外で豪快に見せてくださいました十二代目市川團十郎さんが御逝去されました。小松市民が團十郎さんから受けた御恩に深く感謝いたしますとともに、心より御冥福をお祈り申し上げます。

勧進帳八百年祭を機に御縁をいただいてより二十五年余、小松市ではその御厚意により、歌舞伎十八番のうち『勧進帳』の上演に取り組ませていただきました。特に昨年は二度にわたり、小中学生のお稽古に小松へおいでいただき、小松の子供たちに全身全霊で一芸に打ち込む生き方をじかに御教示いただきました。この貴重な経験を通して、小松の子供たちは團十郎さんの心を受け継ぎ、世界に羽ばたける人材として育てていただきました。

小松市は、團十郎さんが御逝去されたことを悼み、御恩をしのぶため、二月五日から一週間、こまつ芸術劇場うららにて、團十郎さんへの追悼記帳と小松の子供たちと團十郎さんとの交流の日々を写した追悼写真展を開催させていただきました。市内外、首都圏、関西圏からも記帳のお客様が訪れ、連日百名を超える方々が「歌舞伎のまち　こまつ」を牽引していただいた團十郎さんとのお別れを惜しまれました」

全国どこであれ、市長が市議会で歌舞伎俳優の死に対し追悼の言葉を述べるのは異例のことと思われる。

❖團十郎追慕展に二千人

そして、五月一日から十三日まで「十二代目市川團十郎丈追慕展」がうららで開かれ、入場者は二千人を超えた。この間「團十郎さんを偲ぶ」追慕講演会が催された。この講演会では長女市川ぼたんと古典芸能解説者葛西聖司らが対談した。

平成二十六年には「歌舞伎俳優　市川團十郎と宇宙」展、二十八年には三回忌追慕企画「十二代目市川團十郎丈を偲ぶ」展が開かれた。

葛西は昭和六十二年にＮＨＫで制作の「勧進帳八百年」特別番組が縁で小松市を訪れており、「稚翠小松賑」（小松市発行）に團十郎の小松との関わりを記している。

義経主従が小松市にあった安宅の関を通過して八百年の記念イベントの目玉として團十郎に「勧進帳」上演の申し出をしたところ快諾したことを紹介した後、「お旅まつりで曳山子供歌舞伎を見学したり、中学校古典教室やフェスティバルでの『勧進帳』上演を許可、さらには自らこどもたちへ指導するなど密接な関係をもつようになっていく」としている。

團十郎の訃報を聞くや直ちに追慕展を開いたほか、長男・市川海老蔵や市川ぼたんがこまつ芸術劇場うららに出演している。このように歌舞伎俳優と地方都市の密接な関係は極めて珍しい。それだけ團十郎の残した足跡が大きかったといえよう。

❖名古屋むすめ歌舞伎指導

十代目市川團十郎（市川三升）、十一代目市川團十郎は戦後、名古屋地方を基盤とする市川少女歌舞伎を指導した。これは明治の劇聖九代目市川團十郎が女優育成を願っていたことに由来するそうだ。その後、市川少女歌舞伎は衰えたが、市川櫻香がその志を受け継ぎ、昭和六十年に名古屋むすめ歌舞伎を旗揚げ、東京公演のみならず海外公演も行っている。現在はNPO法人で櫻香が代表を務めている。

團十郎は先達の衣鉢を継ぎ、東京や名古屋で、むすめ歌舞伎を指導した。

例えば、平成五年の名古屋むすめ歌舞伎十周年記念公演では團十郎の監修で「鏡山旧錦絵」と「娘道成寺」を上演した。

このときの挨拶文で前年に加藤えみ子を市川櫻香とするなど三名に市川姓を許したことを紹介した後、「わたくしも機会があると芝居の心構えや、役作りについてお話していますが、化粧の仕方、特に隈取については、色の出し方などの細かいことも、楽屋へ来てもらって、実地の指導をいたしました」。最後に、「歌舞伎という世界は、多くの先輩達の教えを受けて上達していくものです。芝居によって、それぞれの役によって、できれば多くの方々に教えを乞い、今の熱意と歌舞伎に対する夢を失わないで、これからも精進していっていただきたいと思っております」と結んでいる。

❖横の広がりに意義

平成十七年の愛知万博に合わせて、名古屋むすめ歌舞伎などが参加した女流歌舞伎公演を監修・指導した。

五月十二日に開かれた顔寄式で、「縦のつながりを超えて、横の広がりで名古屋の女流舞踊の皆様方、又、歌舞伎の方々によって、この公演が催されることは大変意義のあることだと私は考えております」と挨拶している。

七月十六日から三日間、同市芸術創造センターで開催された「名古屋女流歌舞伎公演」を監修・指導した。

❖團十郎作品「黒谷」初演

櫻香はさらに精進するため市川櫻香の会を始めたが、團十郎はこの会に二度出演している。能舞台で歌舞伎演目を男女が共演する珍しい公演であった。

平成十九年十一月に名古屋能楽堂で開かれた第一回では、團十郎は「積恋雪関扉」の大伴黒主を演じ、櫻香は小町桜の精を勤めた。

第二回は平成二十一年五月に同能楽堂で開かれ、團十郎が三升屋白治の筆名で書いた新作「黒谷」を初演した。これに團十郎が蓮生で出演、櫻香は平敦盛と熊谷小次郎の二役であった。


團十郎他界の翌年二月に名古屋能楽堂で開かれたむすめ歌舞伎公演には長女・市川ぼたんも参加した。このときのパンフレットで、市川櫻香は「毎年開催致しております本公演も、お陰様で三十回を数えました。これは偏に皆様の温かいご厚情の賜と心より御礼申し上げます」「本公演は私共に多大なお力添えを下さいました恩師、十二代市川團十郎の御命日前日となり、慎んでこの公演を捧げたいと思います。尚、ご長女の市川ぼたん様に特別に御出演賜りまして『島の千歳』を上演して頂きます。一層、團十郎先生をしのばせて頂くこととなりました」と書いている。

（七）

團十郎は白血病治療に寄与する骨髄バンクの推進に尽力した。

［全国骨髄バンク推進連絡協議会］

❖患者と交流

團十郎は白血病から舞台復帰していたころ、主治医から、同じ病で苦しむ患者の励みになるのではと患者との交流を勧められた。

交流のひとつは九州の専門病院訪問で、「大変喜んでもらえた」と、その結果を筆者に話していたことを記憶している。

もうひとつの全国骨髄バンク推進連絡協議会との交流は亡くなる平成二十五年まで続いた。

全国骨髄バンク推進連絡協議会は骨髄移植を必要とする白血病患者、家族、ボランティアが中心となり、骨髄バンク設立を目指し平成二年に発足したＮＰＯ法人。翌平成三年に公的組織、日本骨髄バンクが誕生した後、全国各地のボランティア団体と共に、患者支援、ドナー支援、骨髄バンク普及啓発、それを育てる活動を行っている。

全国協議会ニュース

2010年12月1日発行
第222号

発行所
特定非営利活動法人
全国骨髄バンク推進連絡協議会
〒160-0005 東京都新宿区愛住町23-1 Woody21-9階
TEL.(03)3356-8217
FAX.(03)3356-8637

楽屋に溢れる連帯感
市川團十郎さんと共に

全国骨髄バンク推進連絡協議会の全国協議会ニュース
2010年12月1日号＝同協議会提供

❖患者や元患者ら国立劇場に招待

この協議会の存在を知った團十郎は協議会の活動に共鳴し、平成二十一年十一月に出演していた国立劇場の歌舞伎公演に、闘病中の患者や病を乗り越えた人、ドナーや医療スタッフ、ボランティアら二十人を招待した。

元気になった自分の姿を見てもらい、歌舞伎に親しんでもらうことで、闘病や活動の励みにしてもらえればという團十郎の発案に国立劇場も賛同したものという。招待された患者たちは團十郎と楽屋で懇談、楽しいひと時を送った。これは團十郎が亡くなるまで続いた。

❖全国協議会の会長に

この交流が縁となり、團十郎は全国骨髄バンク推進連絡協議会会長に推され、平成二十三年六月に就任した。

全国協議会ニュースによると、六月に岐阜県大垣市で開かれた全国大会で團十郎は、「会長という大任を仰せつかりましたが、皆様方の代表というには、まだよちよち歩きでございます。しかし、全国協議会が少しでも世間に認知されるよう、そしてドナーの皆様の存在のかけがえのなさを訴えられるよう、努めてまいりたいと思っておりますので、どうぞ皆様方のお力添えをお願いいたします」と挨拶した。

その後開かれた記者会見で、自分の闘病経験を踏まえ、患者やその家族の厳しい環境に言及し、少しでも改善されるよう活動に可能なかぎり傾注したいと抱負を語った。

❖寄付贈呈式に出席

平成二十四年二月に外資系保険会社の東京支社で行われた寄付金贈呈式に出席、目録を受領した。

同年六月に青森市で全国骨髄バンクボランティアの集いin青森が開かれたが、舞台出演と重なり、ビデオメッセージによる挨拶を行った。

そして、翌平成二十五年正月の協議会ニュースの新年の挨拶では、山中教授のノーベル賞受賞に触れ、造血幹細胞移植医療が大きく変わるものと期待を記していた。

しかし、二月には他界した。

翌三月の全国協議会ニュースには多くの追悼文が掲載された。その中の匿名による寄稿文を紹介する。

❖強い励ましに

「市川團十郎さんのご逝去、謹んでご冥福を申し上げます。私は白血病患者です。骨髄バンクのドナーさんから移植を受け、今を与えられ生きることが出来ています。ちょうど2年前の秋、全国骨髄バンク推進連絡協議会のイベントで、市川團十郎さんの歌舞伎公演に招待して頂きました。團十郎さんの力強い舞台に感動し、私も生かされていることに感謝し、精一杯頑張ろうと、そのとき改めて思いました。また、直接お会いしてお話したときの優しくてあたたかな雰囲気を、今でも忘れることができません。今でも悲しい気持ちでいっぱいですが、團十郎さんがお亡くなりになったとき、同じように移植を受けた友人と話をしました。今、私たちに与えられていることは、同じく移植を受けた人間として精一杯、与えられた命を生きることではないかと思っています。今、まさに闘病中の方々にとっても、團十郎さんの病との闘いは、強い励ましになっているのではないかと思います。」

團十郎と全国骨髄バンク推進連絡協議会との交流は四年ほどであったが、熱い思いを残していったことがうかがえる。

（八）

團十郎の創作歌舞伎台本、著書、役職、受賞受章歴を紹介する。

［歌舞伎台本］

❖「熊谷陣屋」の後日譚「黒谷」

平成二十一年　名古屋能楽堂で初演

筆名：三升屋白治

題名：黒谷

主人公は時代物浄瑠璃の名作「一谷嫩軍記」の三段目「熊谷陣屋」で活躍する源氏の武将・熊谷次郎直実。一の谷の合戦でうら若き平家の公達敦盛を追い詰めるが、主君・源義経から敦盛は後白河法皇の御落胤であるから討つなと命じられていたため、やむなく同じ年ごろのわが子・小次郎直家を身代わりに討つ。しかし世の無常を悟り、僧・蓮生となり出家「十六年はひと昔」の名台詞で花道を引っ込む。本作はその後日譚である。

蓮生がわが子・直家の菩提を弔おうと比叡山の黒谷に来ると、亡霊と思しき三人が次々と現れる。敦盛は、助けられたことに感謝するどころか、助けたのは義経の出世欲のためだ、育ての父・平経盛を実の父のように慕い、討ち死にの覚悟はできていた、生き延びたため平家の無残な姿を見てしまった、と散々に恨み事を言う。

次は敦盛の許嫁・玉織姫。死の直前、直実に差し出され抱いた首は敦盛ではなく小次郎であったため悲嘆にくれている。

二人の嘆きを聞いた直実は後悔し慟哭するが、最後にわが子・小次郎が現れ、武士の道ゆえ仕方ないと優しく慰めてくれる。

思い通りいかない人の世の皮肉、かけがえのない生と死の重み、恩愛の情による救いを時代物らしい風格のある義太夫節の詞章で語っている。

「團十郎復活」に台本の全文が掲載され、闘病中に執筆したと書かれている。

［著書］

○平成二十年四月発行

発行所：ＰＨＰ研究所

書名：團十郎の歌舞伎案内
青山学院大学での講座をまとめた。本書の［大学講座］で紹介。

○平成二十二年三月発行
発行所：文藝春秋
書名：團十郎復活
白血病との壮絶な闘病記や、闘病中に執筆した歌舞伎台本「黒谷」などを掲載している。

［受賞・受章］
○昭和六十一年　第七回松尾芸能賞大賞
○昭和六十三年　日本芸術院賞
○平成七年　第十四回真山青果賞大賞
○平成十年　芸術祭賞演劇部門優秀賞
○平成十二年　第七回読売演劇大賞優秀男優賞

○平成十二年　　第十九回真山青果賞大賞
○平成十九年　　フランス芸術文化勲章コマンドゥール
○平成十九年　　紫綬褒章
○平成十九年　　第五十五回菊池寛賞
○平成二十三年　第二十七回浅草芸能大賞
○平成二十四年　日本芸術院会員
○平成二十五年　正五位、旭日中綬章

［役職］
○平成十一年　　社団法人伝統歌舞伎保存会理事
○平成十三年　　文化庁文化審議会委員
○平成十七年　　社団法人日本舞踊協会理事
○平成二十三年　全国骨髄バンク推進連絡協議会会長
○平成二十四年　公益社団法人日本俳優協会専務理事

※参考文献

「歌舞伎辞典」（平凡社）
「十二代目市川團十郎」（演劇出版社）
「全国骨髄バンク推進連絡協議会・全国協議会ニュース」縮刷版（Ｖ）
「團十郎の歌舞伎案内」（ＰＨＰ研究所）
「團十郎復活」（文芸春秋）
「稚翠小松賑」（小松市）
「国立劇場二十年の歩み」（国立劇場）
「昭和の南座」（松竹）
「新橋と演舞場の七十年」（新橋演舞場）
「御園座百年史」（御園座）
「明治座評判記」（明治座）
新橋演舞場公演パンフレット（松竹）
日生劇場公演パンフレット

ＴＥＰＣＯ・一万人コンサート「眠り王」公演パンフレット

映画パンフレット

週刊ＴＶガイド

読売新聞テレビ欄

＝順不同＝

あとがき

「河村さーん」

團十郎夫人の堀越希実子さんが混雑する新橋演舞場のロビーで私に声をかけてくださったのは平成三十年の正月のことでした。前の年の六月に子息・海老蔵さんの夫人・麻央さんを失うなど悲しいことが続いたが、気丈に明るく振舞っていました。それに感動し、後日インタビューを申し込むと快く引き受けてくださり、夫婦愛に満ちた言葉をいただきました。心から感謝します。

本書は多くの方々のご好意、ご協力をいただきました。本文に名前の登場する方々はもちろんのこと、小川知子さん（写真家）、望月精司さん（小松市役所）、森中和人さん（小松の後援会、成松会）、山崎裕一さん（全国骨髄バンク推進連絡協議会）＝五十音順＝、そのほか市川團十郎事務所、金沢学院大学教務部、早稲田大学演劇博物館の方々にも一方ならぬお世話になりました。

最後に身内で恐縮ですが、資料を何度も読み上げ、点検してくれた妻、原稿を整理、点検してくれた三女ら家族から大きな助力を得たことを記しておきます。
応援してくださった皆さまに心より感謝します。

河村　常雄

早稲田大学法学部卒。読売新聞東京本社入社。水戸支局、整理部、芸能部（現文化部）、専門委員。平成25年まで読売文化センター勤務。文化庁芸術祭、芸術選奨、鶴屋南北戯曲賞の選考委員、放送大学非常勤講師などを歴任。現在、日本記者クラブ会員。著書に「かぶき立見席」（演劇出版社）、「家元探訪―未来を見据える十人―」（出版研究センター）。

十二代目　市川團十郎の世界

―家元探訪・妻の思い出・多彩に輝く成田屋―

2019年5月30日　初版発行

著　者　河村　常雄
発　行　有限会社出版研究センター
〒113-0033
東京都文京区本郷2－25－6
TEL　03（3868）2814
FAX　03（3868）2824

ISBN　978-4-915085-18-5

市川團十郎・堀越希実子夫妻。平成二十三年一月、愛犬ナナと一緒に自宅で。撮影・小川知子。

表紙・本文デザイン：長谷川正晴